QICHEZHUANYE SHIXUN XILIE JIAOCAI QICHE MEIRONG ZHUANGSHI JINENG

汽车专业实训系列教材

汽车美容装饰技能

主编 谭本忠

山东科学技术出版社

图书在版编目（CIP）数据

汽车美容装饰技能 / 谭本忠主编. —济南：山东科学技术出版社, 2020.8

汽车专业实训系列教材

ISBN 978-7-5723-0021-9

Ⅰ. ①汽… Ⅱ. ①谭… Ⅲ. ①汽车—车辆保养—中等专业学校—教材 Ⅳ. ①U472

中国版本图书馆CIP数据核字（2020）第026243号

责任编辑：宋　涛
装帧设计：李晨溪

主管单位：山东出版传媒股份有限公司
出　版　者：山东科学技术出版社
　　　　　　地址：济南市市中区英雄山路189号
　　　　　　邮编：250002　电话：（0531）82098088
　　　　　　网址：www.lkj.com.cn
　　　　　　电子邮件：sdkj@sdcbcm.com
发　行　者：山东科学技术出版社
　　　　　　地址：济南市市中区英雄山路189号
　　　　　　邮编：250002　电话：（0531）82098071
印　刷　者：天津新华印务有限公司
　　　　　　地址：天津市东丽开发区五经路23号
　　　　　　邮编：300300　电话：（022）58160357

规格：16开（285mm×210mm）
印张：5.75
版次：2020年8月第1版　　2020年8月第1次印刷
定价：36.00元

前言 PREFACE

随着我国汽车产业的飞速发展，社会消费时尚的流行，以及人们对事物猎奇、追求新异思想的影响，各个国家的新车款式更新换代速度非常快，追新族们既想得到新车，又不愿旧车贬值，因此汽车美容装饰业应运而生。

同时，我国各大中城市虽然发展很快，但基础设施建设不够完善，缺乏停车场所，使大量汽车只能露天停放，饱受风吹日晒雨淋，导致汽车日渐老化。这也为汽车美容装饰业的存在和发展提供了条件。为了更加方便地进行汽车美容技术的培训，我们组织一批教学经验丰富的老师和实践经验丰富的技师共同编写了本教材。

本书分为汽车美容基础、车辆清洁护理、车辆美容维护三个部分，共10个实训项目。

本书编写形式以图为主、文字为辅，另外还有配套的实训录像，将操作步骤简单化，将复杂的操作过程在录像中体现，这样使教材的内容少而精，并加强了教材的直观性。本书可以用作职业院校汽修专业的实训教材，也可以用作短期培训的培训教材。感谢广东凌凯汽车技术有限公司等单位对本书编写工作给予的大力支持与帮助。由于条件有限，在编写过程中难免存在不足之处，敬请读者批评指正。

目 录 CONTENTS

01
第一部分　汽车美容基础

2　实训一　认识汽车美容的常用设备、工具和耗材
11　实训二　接车与检查

02
第二部分　车辆清洁护理

19　实训一　车身外部清洗
29　实训二　内饰清洁护理
40　实训三　发动机舱清洁护理

03
第三部分　车辆美容维护

48　实训一　车室臭氧杀菌消毒
55　实训二　车身漆面去渍与密封
63　实训三　车身漆面去渍与还原密封
72　实训四　前挡风玻璃镀膜
80　实训五　车身漆面镀晶

第一部分

汽车美容基础

汽车美容装饰技能

实训一　认识汽车美容的常用设备、工具和耗材

引　言

汽车美容是指针对汽车各部位不同材质所需要的保养条件，采用不同的汽车美容护理用品及施工工艺对汽车进行保养护理。在众多的保养护理项目中，专业设备、耗材及用品是必不可少的，而且在使用中都是专工专用，分类非常严格。用于现代车辆美容养护作业的设备种类可以很容易记住，但耗材与用品却类别众多。认识一些汽车美容中经常接触到的设备、工具和耗材是十分有必要的。

实训目的

1. 了解汽车美容常用设备、工具和耗材的作用。
2. 记住一部分设备耗材物品的名称。

实训用品准备

常用设备

常用工具

常用耗材

实训知识准备

一、常用设备

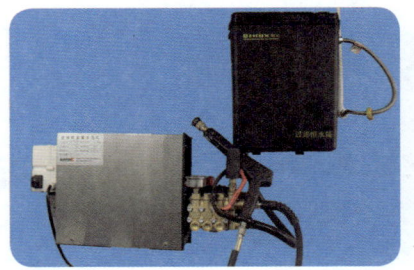

高压清洗机：高压出水冲洗车辆，出水压力可以调节，一般为0.5~0.7MPa，出水形状可根据需要在柱状与雾状之间调节，根据环境可选择移动式和固定式。因出水压力高，应时刻注意使用安全。

泡沫机：加注泡沫液和压缩空气后产生泡沫，喷洒时压力调整保持在0.2~0.3MPa。

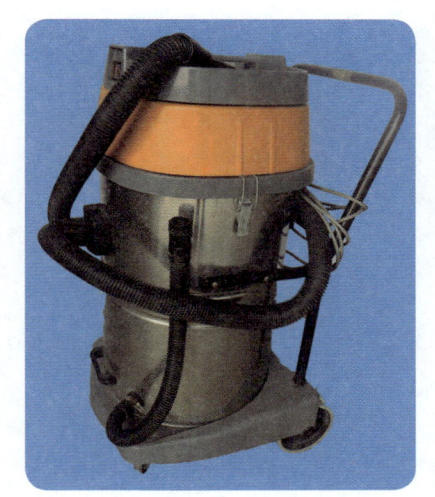

吸尘器：清除灰尘和其他细碎脏物用的机器，一般是用电动抽气机把灰尘和其他细碎脏物吸进去。

蒸汽清洗除臭机：清洁内饰，将水加热至沸腾产生蒸汽后，使污垢软化便于清理，同时蒸汽起到杀菌的作用。

抛光机：抛光机也称为研磨机，多用于机械式研磨、抛光及打蜡。转速一般在1500~3000r/分钟，施工时可根据需要随时调整，配合各类羊毛盘、海绵盘等耗材进行专业施工。

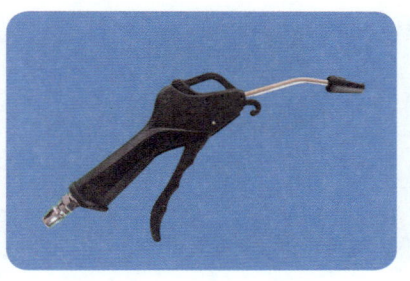

吹尘枪：连接压缩空气后用于除尘工作，特别适合狭窄处、高处以及气管内的清洁工作。

气动磨光机：连接压缩空气后配合各类耗材进行专业打磨施工。

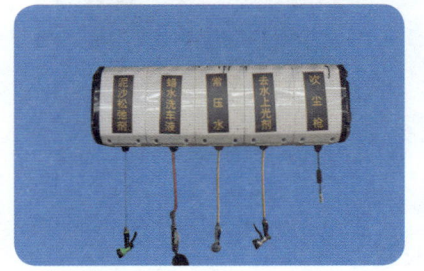

组合鼓洗车设备

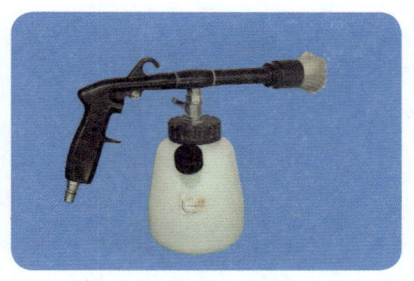

龙卷风清洁枪：通过空气学原理产生高压，集吹尘、喷液于一体，用于汽车内饰、方向盘、仪表台等，一喷一擦即可，清洗时更便捷、专业。

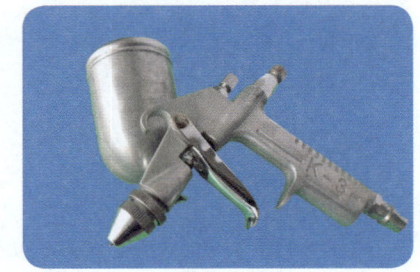

镀膜喷枪：利用液体或压缩空气迅速释放作为动力的一种设备，在行业中的应用可直接装涂料使用。

脱水机：利用高速旋转产生的离心力将脚垫、座套等物品的水分脱离。

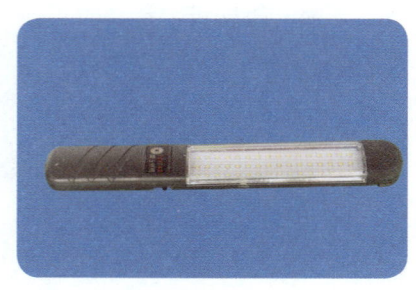

工作灯：多为LED灯，分为有线、无线两种。

自吸式洗车设备

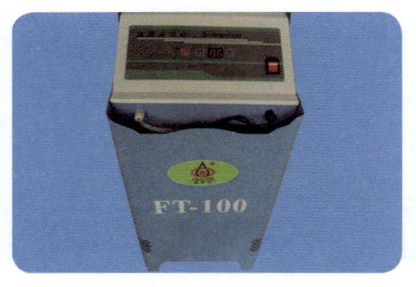

臭氧消毒机：模拟自然界产生臭氧的原理，采用电晕放电法离解氧分子，经碰撞聚合成臭氧。再利用臭氧对车厢进行消毒，具有消毒彻底、环保、无残留、不产生二次污染等特点。

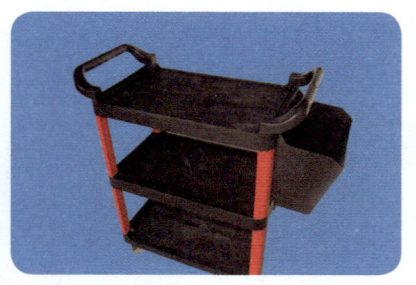

美容推车：放置美容用品、耗材等。

三、常用耗材

蜡水洗车液：蜡水洗车相对于普通洗车来说，更注重对漆面的护理。由于蜡水洗车过程增加了蜡的用量和种类，车体会显得更明亮和具有光泽，蜡水洗车所用的表面活性剂为普通洗面奶的成分，一般不会伤害车漆，兑水比例为1∶200~1∶600。

车蜡：有新车保护蜡、钻石蜡、至尊硬蜡、水晶蜡、彩色蜡、手喷蜡、抗UV蜡、防水蜡、光洁蜡、复彩护漆上光蜡、清洁砂蜡等多种类型，主要作用是保护漆面，起到防水、抗高温、防紫外线、防静电、防酸雨、防盐雾等作用。

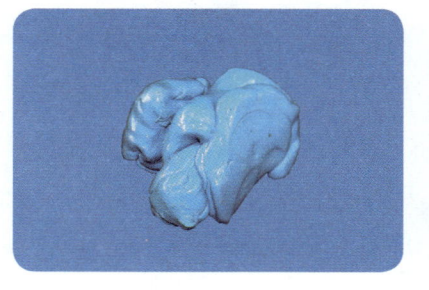

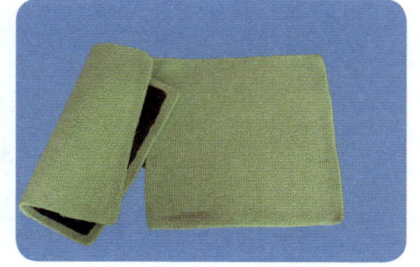

去渍泥、去渍布：泥状、布状物体，结合清洗剂可快速除去比较顽固的污渍。

泥沙松弛剂：对车体上干结凝固的泥块进行软化，使其容易冲洗，兑水比例1∶200。

玻璃虫胶清洁剂：清洁玻璃上因撞击残留的虫胶和附着的污物，无需兑水，直接使用。

重油污去除剂：用于清洁轮胎上和发动机舱里的油污，兑水比例一般为1∶4或1∶10，视油污轻重而定。

铁粉去除剂：除去漆面的金属氧化层，无需兑水，直接使用。

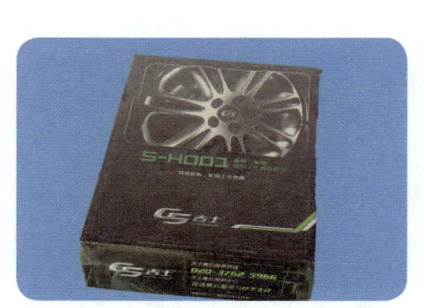  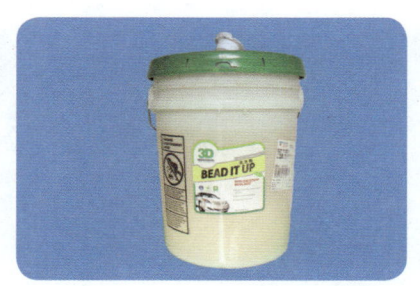 

轮毂轮胎镀晶上光套装

塑料上光剂：对车身上的塑胶件上光增亮，无需兑水，直接使用。

去水剂：与玻璃镀膜剂相似，有一定的去水作用，与洗车液同时使用，兑水比例1∶200～1∶600。

油膜去除剂：除去漆面、玻璃等表面的油膜，无需兑水，直接使用。

内饰清洁素：除去内饰表面的污垢，兑水比例1∶10。

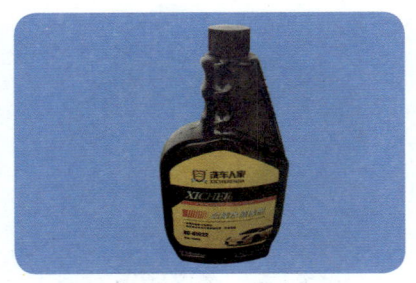
万能水清洁剂

玻璃镀膜套装

轮毂光洁剂：除去轮毂表面的污垢，无需兑水，直接使用。

内饰万能清洗剂：除去内饰表面的污垢，无需兑水，直接使用。

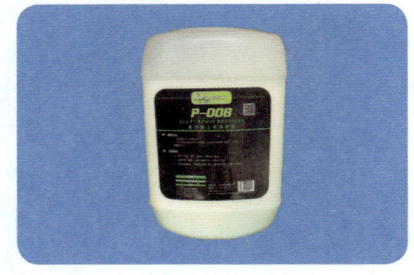
多功能上光保护剂

发动机清洗剂

柏油清洁剂：除去漆面附着的柏油，无需兑水，直接使用。

真皮上光剂：对车辆内饰的皮革上光，无需兑水，直接使用。

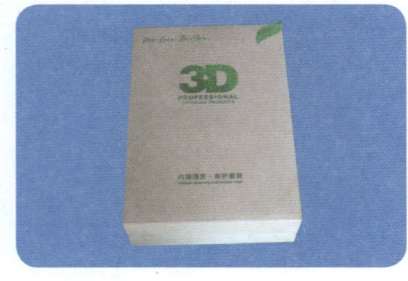
内饰清洁套装

泡沫洗车液

打蜡海绵

第一部分　汽车美容基础

镀膜镀晶套装

脱脂清洁剂

万能泡沫清洁剂

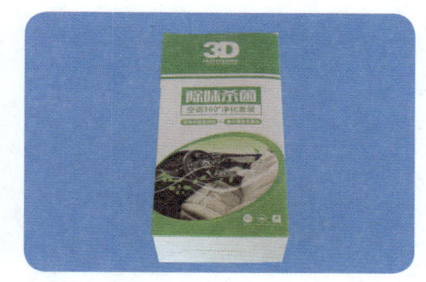
空调净化套装

美纹纸

研磨抛光还原剂套装

油性轮胎蜡

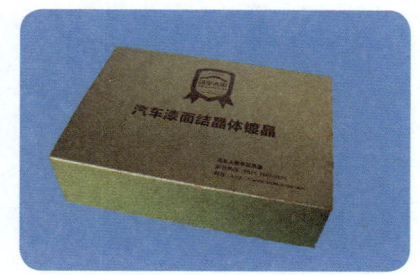
漆面镀晶套装

漆面镀膜套装

遮蔽膜

注意：
①液体耗材的兑水比例可根据实际情况调整，或遵照其说明进行配兑后使用。
②用于清洗的液体耗材在清洗（特别是清洗内饰、塑胶件）前应取少量在车辆隐蔽部位试验，若试验部位出现异常（如腐蚀变色等）则不能使用，无异常方能使用。

7

二、常用工具

毛巾：种类繁多，多为超细纤维毛巾，以颜色、大小来区分其功能，专工专用。

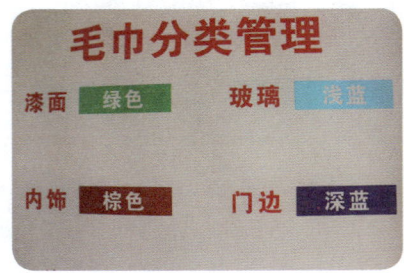

毛巾分类使用牌

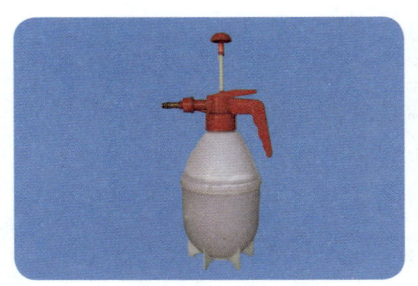

压力喷壶：分装各类液体耗材。

海绵：主要用于专业施工和清洗车辆的各个部位，专工专用。

魔力海绵：采用物理去污的机理，依靠海绵内的毛细管开孔结构，在抹拭过程中自动吸附物体表面的污渍，不需要依赖任何化学洗涤剂。把海绵放在水中挤压时，吸附在海绵上的污渍会自然脱落到水中，海绵又可以重新使用。

毛刷

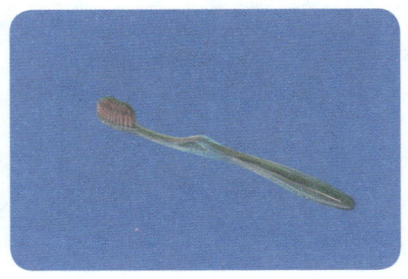

牙刷

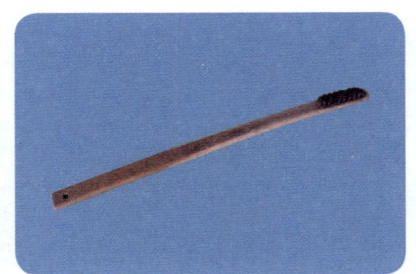

长柄刷

毛刷、牙刷、长柄刷：用于清洗顽固污渍和不易清洗的部位。

轮胎刷：有弧度结构的硬毛刷。

羊毛手套：材质类似于羊毛，但并不是真正的羊毛，使用时车的上下两部分要区分使用。

口罩

轮毂刷

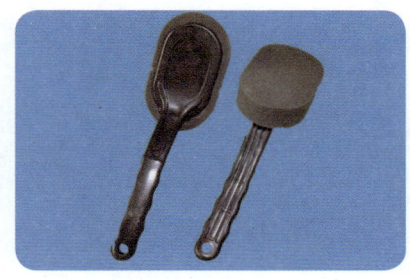
海绵刷

小水桶

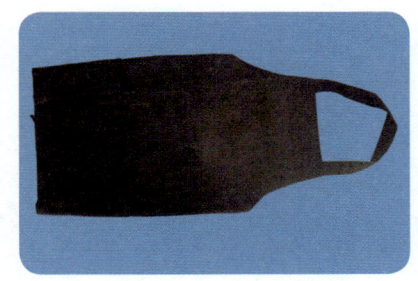
围裙

储物箱：放置客户的随车物品。

手篮：放置耗材物品。

耗材分装喷壶

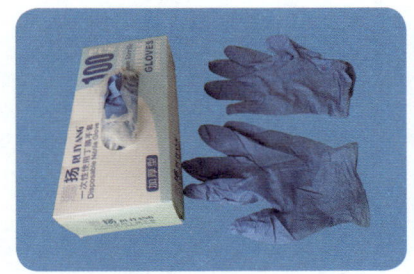
防溶剂手套

水桶：装水、耗材等。

大量杯

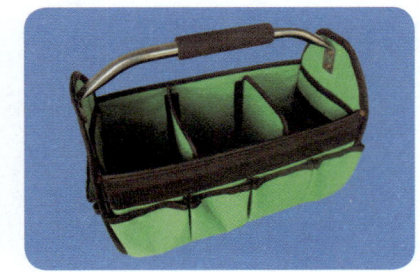
耗材物品篮

口罩、围裙、防溶剂手套：
在必要的时候穿戴防护。

实训技能考核

考核题目
认识汽车美容常用设备、工具和耗材

考核配时：20 分钟
姓　　名：
考评总分：

作业项目	考核内容	配分	评分标准	评分记录	扣分	得分
准备工作	自行区分和准备设备 5 种	40	准备错误每种扣 2 分，扣完为止			
	自行区分和准备工具 5 种		准备错误每种扣 2 分，扣完为止			
	自行区分和准备耗材 10 种		准备错误每种扣 2 分，扣完为止			
简述	对设备的作用和安全使用进行简述	50	未简述每种扣 1 分，扣完为止			
			简述错误每处扣 1 分，扣完为止			
	对工具的作用和安全使用进行简述		未简述每种扣 1 分，扣完为止			
			简述错误每处扣 1 分，扣完为止			
	对耗材的作用和安全使用进行简述		未简述每种扣 1 分，扣完为止			
			简述错误每处扣 1 分，扣完为止			
整理场地	设备、工具、耗材分区归位	10	分区归位错误每处扣 2 分，扣完为止			
分数合计		100				

考核时间记录：　　　监考人签名：　　　评分人签名：　　　考核日期：　　年　　月　　日

实训二　接车与检查

引　言

为什么要进行接车与检查？

接车，是为了让客户来到修理厂保养或修理车辆时，发现一切工作都准备就绪，让他感觉到好像就在等他一样，这样会让客户感觉到很愉快，这恰巧也是客户与修理厂建立良好关系的开端。

检查，是为了避免客户在提车时产生不必要的误会或纠纷。接待员在车辆进入操作车间前，必须与客户一起对车辆进行环车检查。环车检查的主要内容有车辆的外观是否有损伤，车辆玻璃是否完好，内饰是否有脏污，仪表盘表面是否有损坏，车内是否有贵重物品等。

实训目的

1. 记住车辆内外各主要部位名称。
2. 掌握接车方法及流程。
3. 掌握环车检查的方法。

实训用品准备

实训车辆

接车单

汽车美容装饰技能

 实训操作步骤

1. 认识车辆外部

2. 认识车辆内部

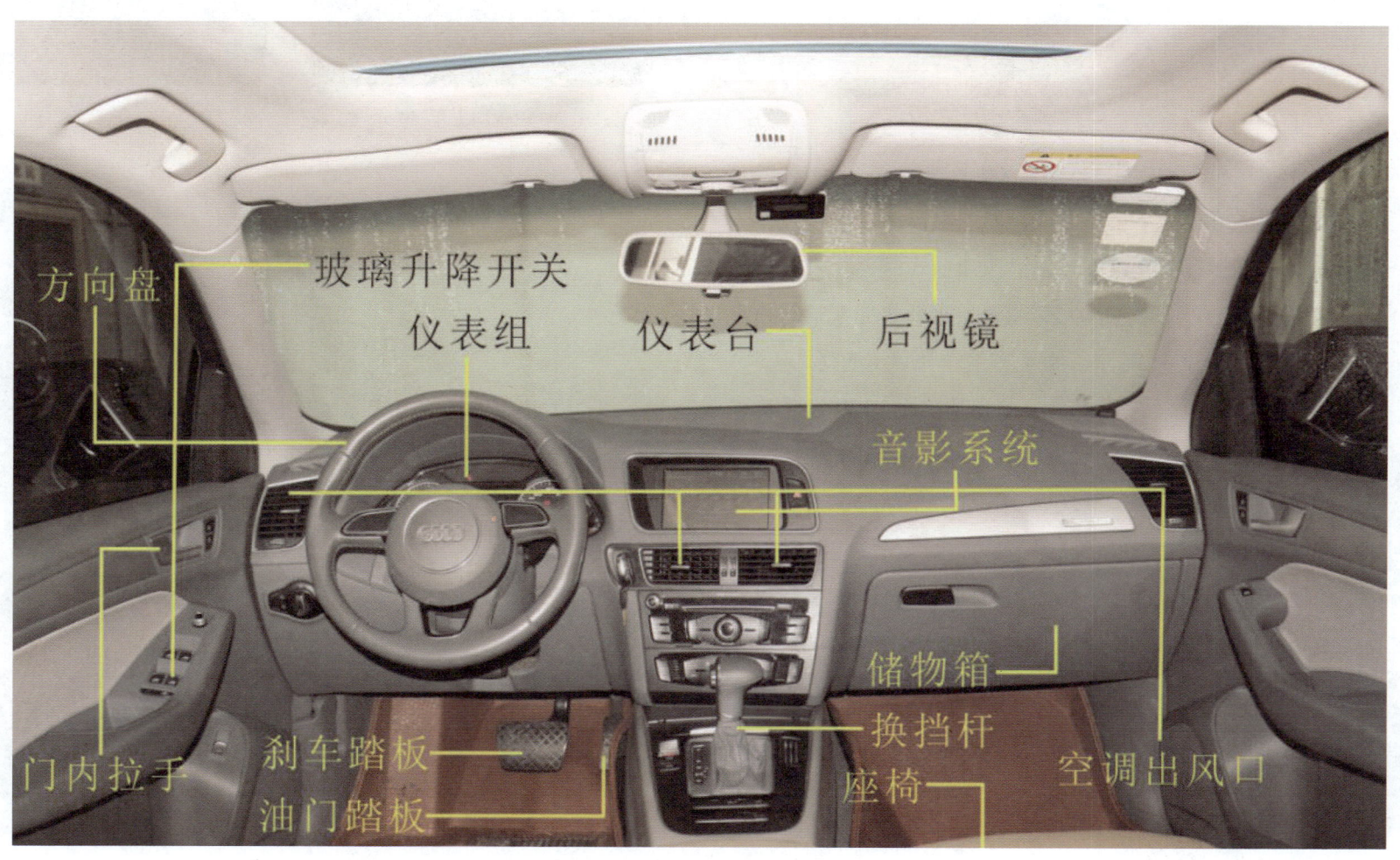

3. 接车

（1）接待时穿着干净整齐，面貌有活力，热情，有礼貌。标准十大礼貌用语："欢迎光临""谢谢""请稍等""对不起，让您久等了""真的对不起""是的，我知道了""非常抱歉""请您原谅""谢谢您""欢迎您下次光临，再见"。

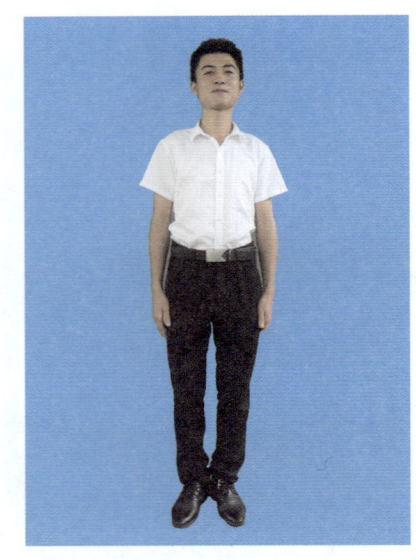

①接待人员穿戴要干净整洁

②接车手势

（2）及时发现客户，主动上前接待。

①发现客户后以手势示意其停车　②与车主进行简单沟通，了解车主的直接需求

（3）引导车辆入库。 注意：引导时不可站在车辆正前方和正后方。

①引导车辆前往指定施工工位　②引导车辆前行

③引导车辆进入工位　④车辆到位后以手势示意车主停车

（4）与车主详细交流并确定需要作业的项目。

4. 检查：应与车主一起检查车辆状况

①车主下车

②再次与车主详细沟通，确定其需求

③沟通过程中做好相关记录

①提示车主贵重物品（如手机、钱包、公文包等）要随身携带

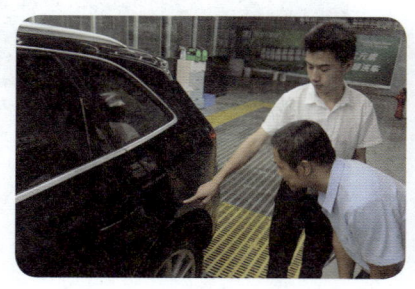

②检查车身外部各个部位是否有异常损伤（如刮擦、掉漆、破损等）。若有，应与车主沟通确认并做好记录

③检查记录好车辆的总行驶里程、油箱油量、续航里程，必要时拍照留存

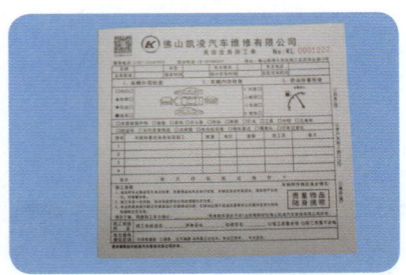 

④填写接车单、客户资料、作业项目并询问车主是否有特别要求

⑤以上步骤完成后，带领车主进入客户休息室休息

实训技能考核

考核题目
接车与检查

———————

考核配时：10 分钟

姓　　名：

考评总分：

作业项目	考核内容	配分	评分标准	评分记录	扣分	得分
准备工作	着装整洁得体	20	未达到规定要求扣 10 分			
	接车单、笔		未准备每样扣 5 分			
接车与检查	主动迎接客户	70	未主动迎接客户扣 5 分			
	使用礼貌用语交流		未使用礼貌用语交流扣 5 分			
	沟通确定客户大致意向		未确定客户大致意向扣 5 分			
	引导车辆入库		引导手势不正确扣 5 分			
			引导时站在车前或车后扣 10 分			
	与车主详细交流		未与车主详细交流扣 10 分			
	对车辆进行检查		未对车辆内外进行检查扣 10 分			
			未提示车主携带好贵重物品扣 10 分			
	引导客户进入休息室		未引导客户进入休息室扣 10 分			
完善资料	填写完善接车单资料	10	未完善扣 10 分			
分数合计		100				

考核时间记录：　　　　监考人签名：　　　　评分人签名：　　　　考核日期：　　年　　月　　日

第二部分

车辆清洁护理

实训一　车身外部清洗

引　言

洗车不仅仅是使汽车清洁亮丽，光彩如新，更主要的目的在于保养。洗车是汽车保养最基本的工作。汽车保养可以延长汽车漆面的寿命，现代汽车所使用的烤漆型面漆可以为车身提供光亮度的保护面，但即使其质地再硬，油膜再厚，经过长时间的风吹、雨淋、高温、强光等恶劣环境影响而又未及时护理，也会对漆面造成诸多不良影响。其中，酸雨和融化的雪水对漆面的损害最为严重，阳光中的紫外线透过车身上的酸雨水珠聚集，聚光点的穿透能力极强，会在车漆表面产生难以处理的印痕，而有害物质不断沉积、腐蚀、渗透，最终会使车漆褪色，失去光泽。

车身清洁的作用：美观、清洁、保护。

实训目的

1. 掌握洗车工具、设备的正确使用方法。
2. 掌握车身清洗的流程与方法。

实训用品准备

高压清洗机

泡沫机

吹尘枪

专用大毛巾

漆面专用毛巾

门边专用毛巾

玻璃专用毛巾

轮胎刷

轮毂刷

海绵

羊毛手套

水桶

汽车美容装饰技能

实训操作步骤

1. 停车关窗

①将车辆停放在指定作业位置

②检查并关闭车辆所有门窗

2. 取出前后脚垫

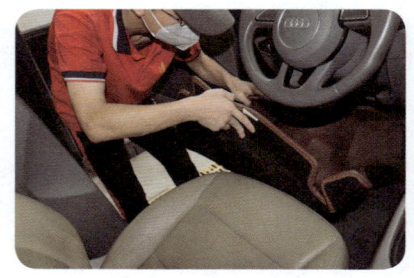
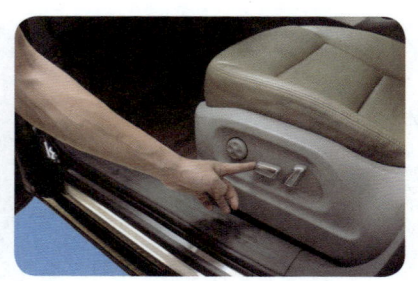

①取出前脚垫。若前脚垫不好取出，可以将座椅向后调整，图中是电动座椅向后调整开关，非电动座椅的调整手柄在座椅靠前的下方，一般向上扳动后即可进行调整

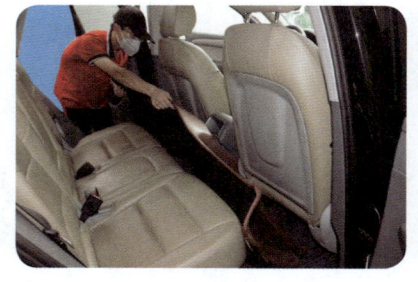

②取出后脚垫。若后脚垫不好取出，可以将前面的两个座椅向前调整

3. 喷洒松弛剂和清洗剂

①对车身喷洒泥沙松弛剂

②喷洒要均匀全面，然后等待1~3分钟

③对钢圈喷洒重油污清洗剂，然后等待1~3分钟

④在冲洗前先用专用海绵擦拭一遍

4. 对车身进行第一次冲洗

（1）开启高压清洗机，调整出水压力（0.5~0.7MPa）和出水形状（半雾状）。

（2）人距离车体300~500mm处，右手拿水枪，左手握住水管600mm处、水枪呈45°角冲洗车身。

（3）冲洗顺序：先冲一侧的两个轮胎，包括轮胎内衬板。冲完必须用手配合检查内衬板是否冲洗干净，再按车体前翼子板、前门、后门、后翼子板的顺序进行冲洗，每个部位从上到下冲洗，然后用相同的方法冲洗另一面。

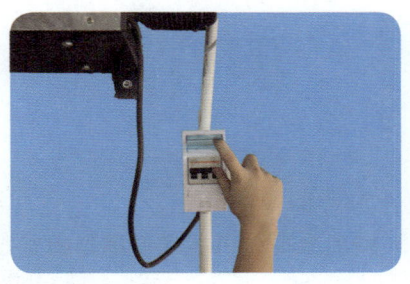

①开启电源

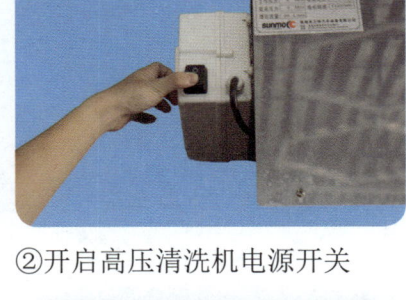

②开启高压清洗机电源开关

③高压清洗机的出水压力一般已提前设置好，此处只需调整水枪的出水形状。通过旋转水枪的枪头调整出水形状

④冲洗车轮

⑤冲洗轮胎内衬板

⑥冲洗轮胎内衬板

⑦冲洗车身各个部位

5. 喷洒蜡水洗车液或洗车泡沫

将配好的洗车液泡沫注气（气压调整保持在0.25~0.35MPa），把喷头拉到最远处，然后打开阀门从上到下喷。注意要喷洒均匀至全车各个部位。现代汽车美容多使用洗车组合鼓，蜡水洗车液等已提前调装好，可直接使用。

①第一次冲洗完成后，对车身各部位喷洒蜡水洗车液或洗车泡沫

②全面均匀地喷洒

6. 擦拭车身、车轮

（1）戴上专用羊毛手套，从车头开始清洗，车正面和玻璃以包框、居中徘徊的形式擦洗，侧身大面积以直线往复的形式擦洗，边角位要灵活利用手指按住清洁。车身上下部分要分清楚（裙边、翼子板轮眉、保险杠下部为车身下部，其他为车身上部。羊毛手套要分下部、上部使用），防止施工的时候漏洗。在擦洗过程中，将羊毛手套在水中摆动以抖落上面的泥沙和杂物。

（2）较脏的轮胎使用专用轮胎刷配合重油污清洁剂刷洗。

（3）金属轮毂用专用海绵或轮毂刷进行清洗。

①泡沫喷洒完成后，用擦拭车身上部位的羊毛手套擦拭车身

②擦洗发动机盖

③依次向后擦洗前挡风玻璃、车顶

7. 对车身进行第二次冲洗

方法与第一次冲洗相同，将车身各部位的泡沫、泥沙等杂物冲洗干净。特别注意车身各缝隙处的冲洗，以免泡沫残留。

④擦洗后挡风玻璃

⑤擦洗车门

⑥车身上部位擦拭完成后，用擦拭车身下部位的羊毛手套开始擦洗

①第一次擦洗完成后，用高压水枪对车辆进行第二次冲洗

⑦擦洗前保险杠下部

⑧擦洗下部裙边

⑨擦洗后保险杠下部

②冲洗时特别注意各缝隙处要多停留，完成后应没有泡沫残留

⑩用专用轮胎刷刷洗轮胎

⑪用专用海绵擦洗轮毂

8. 擦净、吹干车身和玻璃

（1）两人配合用大毛巾从车头至车尾施工，拧干水再从车尾到车头，拖至刮水器位置时，把毛巾铺垫在刮条下，将刮水器小幅度抬起、放下两三次以除掉上面残留水分。

（2）两人施工完成后，由一人对折毛巾，车体侧面分段从上到下以"Z"字形分三遍擦拭大部分剩余水分。

（3）开启行李箱盖、前后车门，用毛巾擦干边框内及四门内饰、玻璃的水渍。

（4）对不能用毛巾擦拭和容易积水的区域进行吹干。将毛巾对折，左手拿毛巾，右手拿吹尘枪，枪嘴距离漆面80~100mm处呈45°角下倾吹气。每吹一道迅速将水擦拭干净。

（5）擦拭完成后，用专用毛巾结合玻璃清洁剂对玻璃内外侧进行擦拭清洁。

①冲洗完成后开始擦拭车身水渍，将专用的大毛巾从车头覆盖，两人配合用手压住一起向后拖动

②在刮水器处停留一下，把毛巾垫在刮水器下面

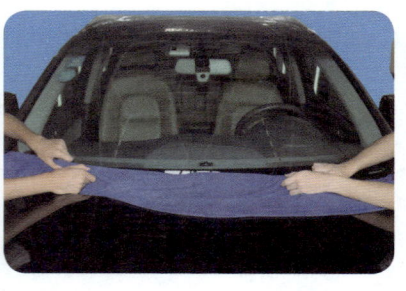
③也可将毛巾翻转过来包住刮水器，用手捏拿以吸干上面的水渍

④将毛巾拖过车顶

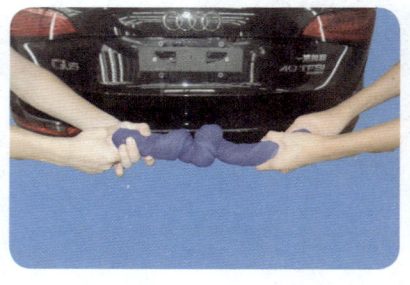
⑤两个人配合将毛巾的水分拧出

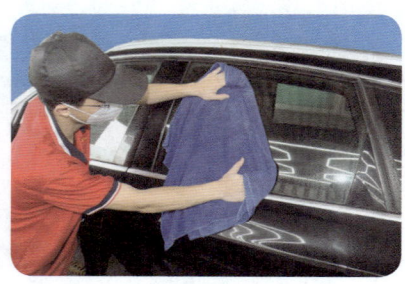
⑥擦拭玻璃

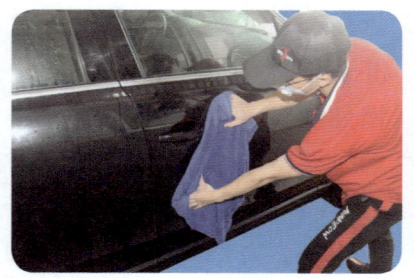
⑦擦拭车门

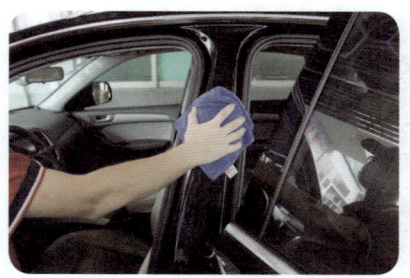
⑧开启车门后擦拭B柱

⑨擦拭车身门框

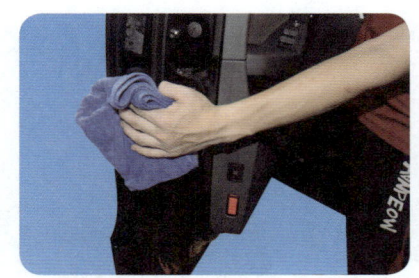
⑩擦拭车门外边缘

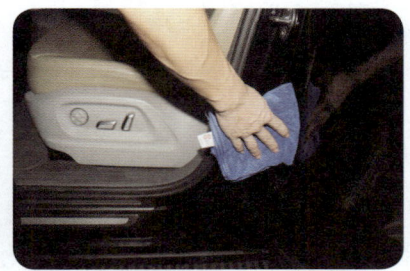
⑪擦拭B柱下部

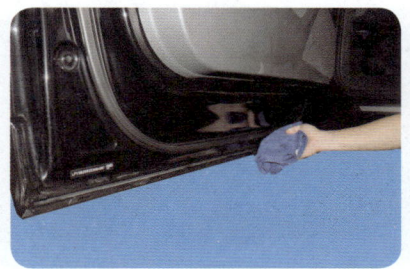
⑫擦拭车门下边缘

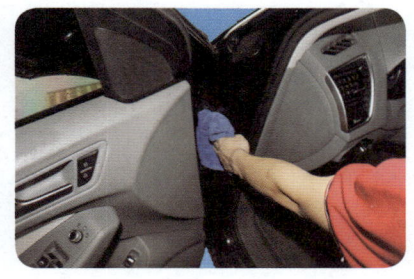
⑬擦拭A柱下侧面

⑭开启后行李箱盖，擦拭边缘

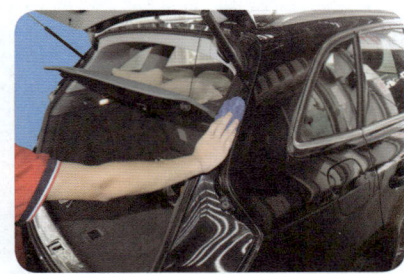
⑮擦拭C柱内后部

⑯擦拭完成后，用吹尘枪吹干不能擦拭到的部位

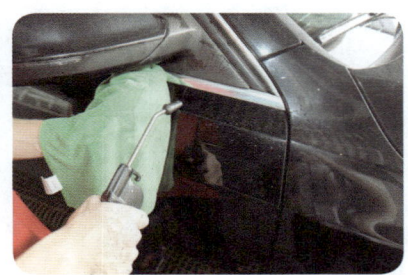
⑰作业时用毛巾遮挡以免水渍飞溅

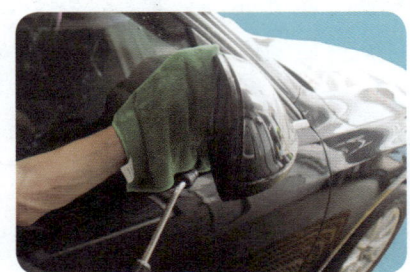
⑱吹干后视镜内部

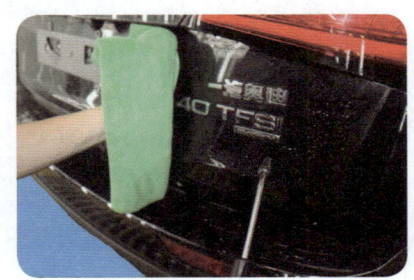
⑲吹干车身上的各处标志

⑳吹干门外拉手

㉑进气格栅（中网）吹干

㉒吹干车轮

㉓用玻璃清洁剂和专用毛巾擦拭玻璃

㉔擦拭挡风玻璃外侧

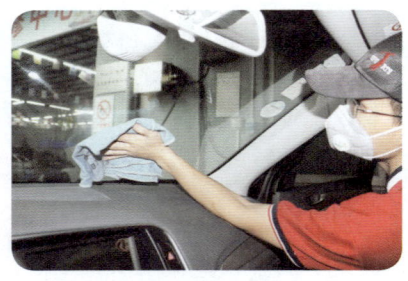
㉕擦拭挡风玻璃内侧

㉖擦拭车门玻璃外侧

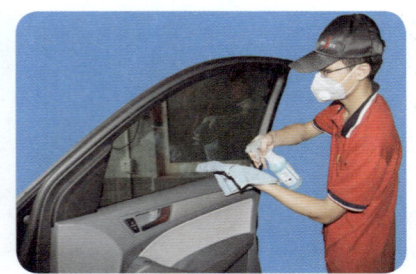
㉗擦拭车门玻璃内侧

10. 清洗擦拭脚垫

完成后将脚垫放回车内（与取出前一样调整座椅的前后位置）。

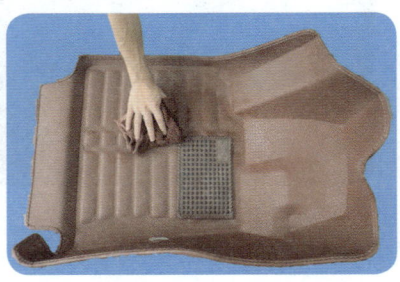

①擦洗前脚垫，脚垫较脏或有顽固污渍时，可用高压水枪冲洗并用龙卷风清洗枪或毛刷结合清洗剂进行作业

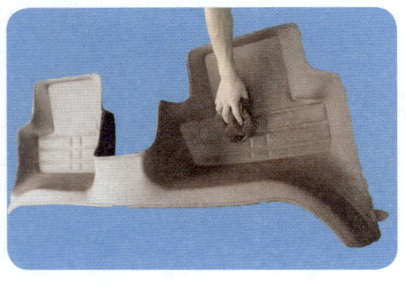

②擦洗后脚垫，皮革类脚垫尽量不要用水冲洗，用湿毛巾擦拭干净即可

③放好前脚垫

④放好后脚垫

11. 清洗完成，对清洗质量进行检查

检查车辆外部无水滴、虫胶、水痕、尘土，玻璃通透明亮，内饰门边无灰尘、污渍。若有问题在质检表上登记，并让施工团队及时返工

实训技能考核

考核题目
车身外部清洗

考核配时：25 分钟
姓　　名：
考评总分：

作业项目	考核内容	配分	评分标准	评分记录	扣分	得分
准备工作	选用清洗设备、用品与耗材	10	选用错误每次扣 2 分，扣完为止			
	检查车窗关闭情况		未检查扣 5 分			
清洗	对车身进行第一次冲洗	60	未拿出脚垫扣 3 分			
			未喷洒泥沙松弛剂扣 5 分			
			水枪调整不正确扣 2 分			
			冲洗方法不正确扣 2 分			
	对车身喷打泡沫		喷洒不均匀扣 3 分			
			喷洒不全面扣 3 分			
			未用重油污清洁剂扣 3 分			
	对车轮进行清洁		未用轮胎专用毛刷清洁扣 3 分			
			未用轮胎专用毛巾清洁扣 3 分			
			未用羊毛手套扣 3 分			
	对车身进行擦拭		未分车身上下部分擦拭扣 5 分			
			有漏擦部位扣 3 分			
			有明显残留水渍扣 3 分			
			有明显污渍扣 3 分			

作业项目	考核内容	配分	评分标准	评分记录	扣分	得分
	对车身进行第二次冲洗		水枪距离不正确扣5分			
			冲洗顺序不正确扣5分			
			未冲洗挡泥板及内衬扣6分			
			有残留泡沫每处扣2分（最多扣6分）			
清洁吹干	擦净、吹干水渍	10	未使用专用毛巾清洁扣2分			
			有水渍残留每处扣2分（最多扣6分）			
			未清洁玻璃扣2分			
脚垫	清洗脚垫	5	真皮脚垫冲洗错误扣3分			
			脚垫放置错误扣2分			
自检	自检交车	5	有水渍、污渍扣5分			
			吸尘未吸干净扣5分			
整理场地	工具、耗材、设备整理	10	工具、耗材未回位扣5分			
			设备未整理清洁扣5分			
分数合计		100				

考核时间记录：　　　　监考人签名：　　　　评分人签名：　　　　考核日期：　　年　　月　　日

实训二　内饰清洁护理

引　言

环境对人会产生重要的生理及心理影响。清新的空气、宽阔的绿地、整洁的街道，会使人心旷神怡，这是城市空间环境美给人的影响。家居装饰，养花种草，盆景书画，会使居室舒适典雅。车室作为爱车族活动的重要空间，它对人的生理及心理的影响却常常被忽略，没有人不喜爱对整洁的布置、清新的空气。

汽车内饰中的地毯、座椅、空调风口等经常接触潮湿的空气或水渍，在特定的环境中，这些地方最容易滋生细菌使内饰霉变，散发出臭味，影响车内的空气环境，危害人体健康。

车室的清洁、杀菌、除臭，可以有效地防止各种污物对车室如地毯、真皮座椅、纤维组织物等内饰的腐蚀，同时使用专门的保护品对塑料件、真皮及纤维品进行清洁上光保护，可大大延长内饰件的使用周期。

内饰清洁的作用：杀菌、除臭、清洁、保护。

实训目的

1. 掌握清洁设备的使用方法。
2. 掌握内饰清洁与护理的方法及步骤。

实训用品准备

蒸汽清洗机

吸尘器

魔力海绵

专用毛刷

专用喷壶

内饰专用毛巾

牙刷

内饰专用清洁枪

客户专用储物箱

干洗专用水桶

内饰清洁套装

实训操作步骤

1. 取出前后脚垫

为了方便取出,在取前脚垫前先将前座椅向后调整,取后脚垫时将前座椅向前调整。收拾车内物品时,把车内物品放到客户专用储物箱,并按顺序摆放好,方便完工后归位。

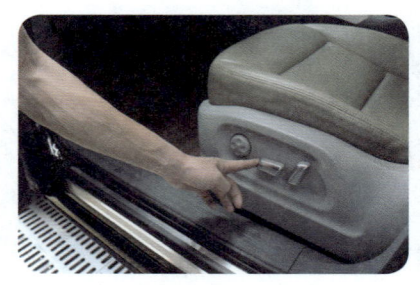

①若前面的脚垫不好取出,可以将座椅向后调整,图中是电动座椅向后调整的开关,非电动座椅的调整手柄在座椅的前下方,一般向上扳动后即可进行调整

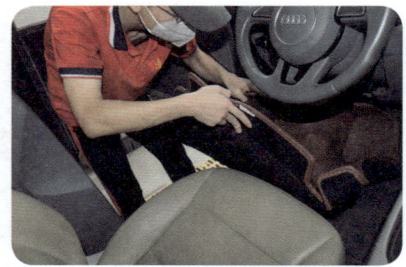

②取出前脚垫

③若后面的脚垫不好取出,可以将前面的两个座椅向前调整

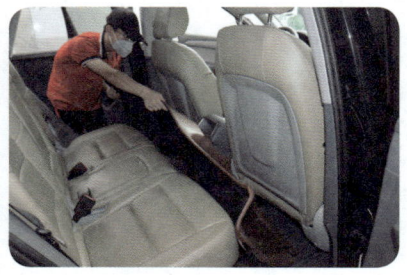

④取出后脚垫

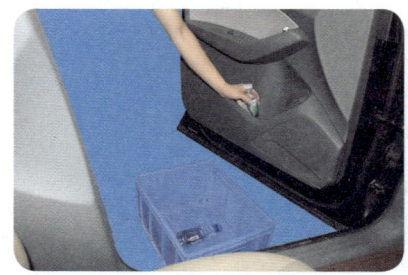

⑤将车内的客户物品取出,放在客户专用储物箱内

⑥取出行李箱中的物品

⑦清空后的行李箱

2. 蒸汽机软化污垢

（1）按需要安装好蒸汽机组件，各类管件接头均为卡扣连接固定，对正方向接入即可。

（2）按蒸汽机使用说明添加规定容量的水（一般为1~1.5L），拧紧加注盖。按下蒸汽机电源开关，等待10~15分钟。

（3）当扣动蒸汽开关，蒸汽喷洒清洗头有大量蒸汽喷出时，用毛巾包好前蒸汽喷洒头（防止高温滴水滴落在真皮座椅上产生不良影响）后即可开始使用。在使用过程中，蒸汽机的电源开关应处于打开状态，以免蒸汽减少或中断而影响使用效果。

特别注意：在使用过程发生缺水时，不要直接将蒸汽机高压盖打开，以防止烫伤，等至冷却再开盖加水。

（4）用蒸汽机依次将座椅、地板、门板等每个部位进行污垢软化，软化污垢的时候不要把门关上，要全部打开，注意不要喷到仪表台、门板按键上，仪表台最好拿毛巾盖住。不可以对着车内电路、天花板、绒布、ＡＢＣ柱门板直接喷蒸汽，防止绒布脱落。

①开始组装蒸汽机

②在蒸汽枪上连接长枪管

③在长枪管上连接转换头

④在转换头上安装清洗刷头

⑤组装完成

⑥拧开加注口的安全帽

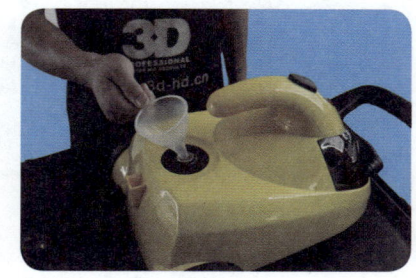
⑦放好漏斗

⑧倒入适量的清水，根据说明书进行加注，一般不超过1.5L

⑨拧紧加注口的安全帽

⑩插入电源

⑪打开主机电源开关，等待约10分钟

⑫当有蒸汽喷出时，说明可以使用了

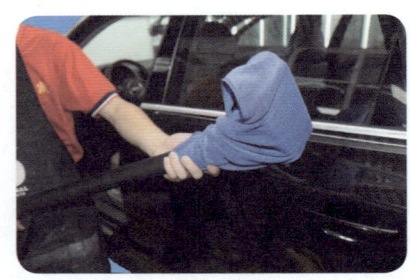
⑬用毛巾包好清洗头，以免在使用过程中滴水

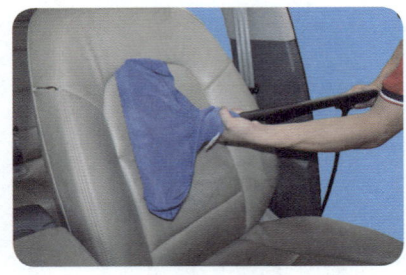
⑭对座椅软化污垢、杀菌

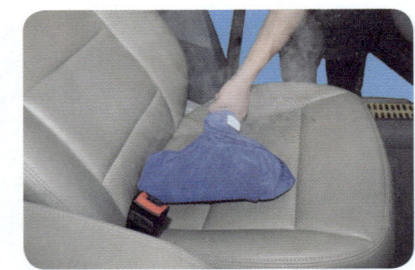
⑮对座椅软化污垢、杀菌

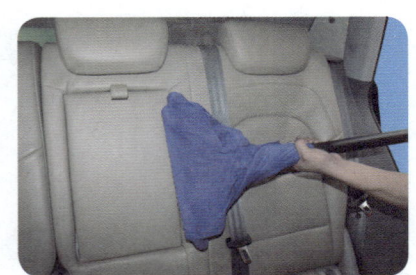
⑯对座椅软化污垢、杀菌

⑰对地板软化污垢、杀菌

⑱对地板软化污垢、杀菌，完成后关闭主机电源开关并断开电源，开始清洁护理作业

3. 清洁室内

（1）将配兑好的清洗剂（比例按清洗剂∶水=1∶6）配合龙卷风清洗枪、毛刷、牙刷、魔力海绵等进行施工。

（2）将室内座椅、空调出风口、角落等地方，清洁干净。

（3）清洁各部位时要及时用毛巾擦拭干净，在擦拭过程中，毛巾要用清水清洗。

（4）内饰清洁的顺序大致由上而下进行施工。

⑤接入压缩空气气管

⑥清洗座椅缝隙

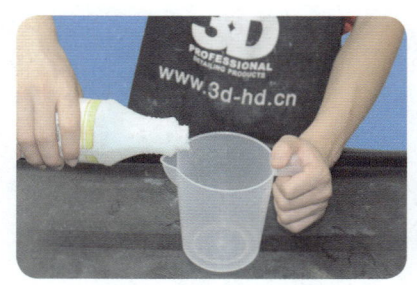

①按比例配兑清洗液，先倒入清洗液原液

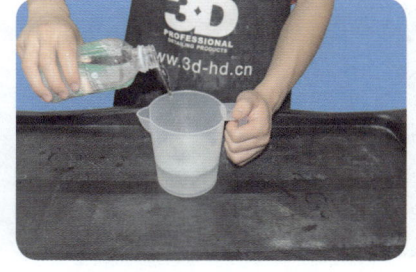

②倒入清水

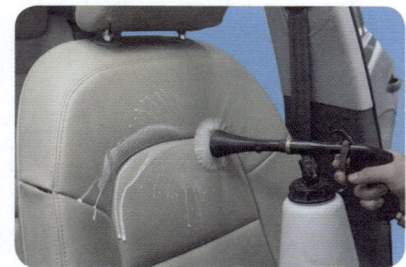

⑦清洗座椅缝隙

⑧清洗门边等部位

③配兑好后倒入喷壶

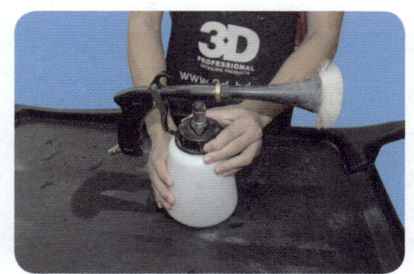

④拧紧喷壶盖

⑨清洗门边等部位

⑩清洗门上的饰板

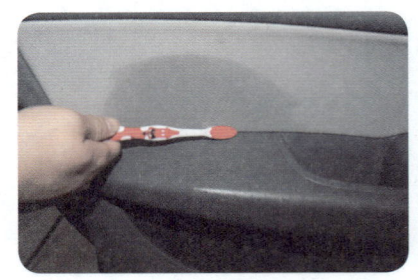
⑪有些部位龙卷风清洗枪无法操作，可用牙刷配合清洗剂来刷洗

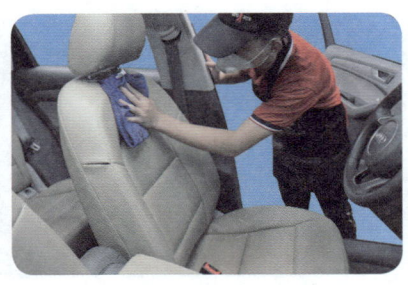
⑫清洗完成后用湿毛巾将清洗过的部位彻底擦拭，去除残留的清洗剂

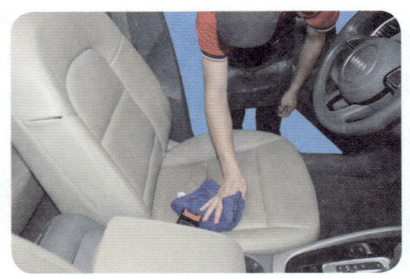
⑬擦拭座椅

⑭在擦拭过程中，毛巾要多清洗几次

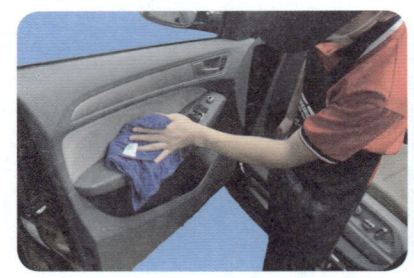
⑮擦拭饰板等部位

⑯用毛刷清洗左边的空调出风口

⑰用毛刷清洗中间的空调出风口

⑱用毛刷清洗右边的空调出风口

⑲用万能泡沫清洁剂和魔力海绵清洗天花板、仪表台等部位

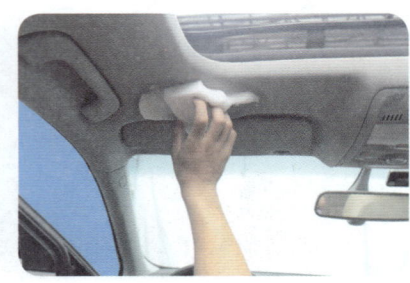
⑳清洁天花板

㉑清洁A柱内饰板

㉒清洁A柱内饰板

㉓清洁仪表台

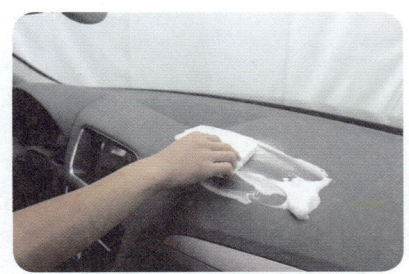
㉔清洁仪表台

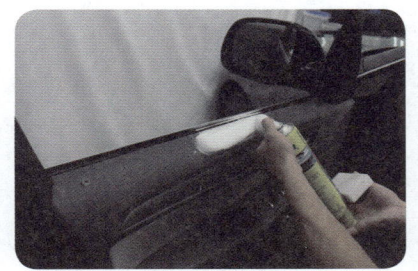
㉕清洁车门内饰板

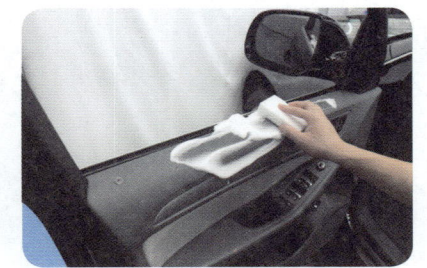
㉖清洁车门内饰板

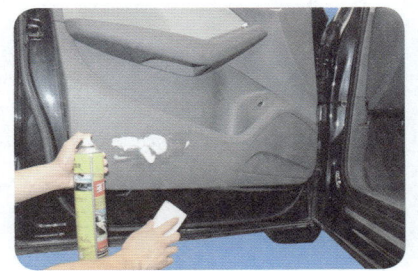
㉗清洁车门内饰板

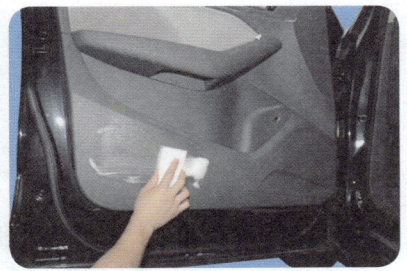
㉘清洁车门内饰板

㉙清洗毛巾

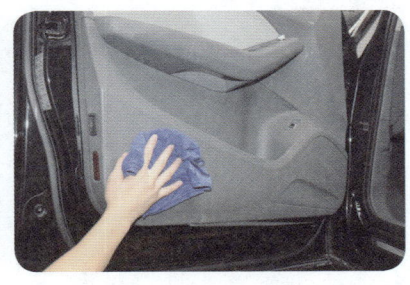
㉚用毛巾将清洁过的部位擦拭一遍

㉛将安全带拉出后进行清洁

㉜清洁安全带

㉝擦拭安全带

4. 对车内进行吸尘

（1）接通吸尘器电源并打开吸尘器电源开关，用扁吸头对车内进行吸尘作业。

（2）吸尘完成后，将车内的前后脚垫放回。

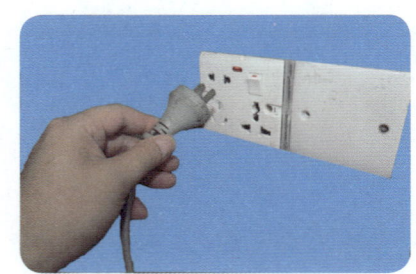

①接通吸尘器电源

②打开吸尘器电源开关，两个开关全部打开

③进行吸尘作业

④吸尘时特别要注意缝隙和角落处，不留死角

⑤座椅缝隙吸尘

⑥行李箱吸尘

⑦行李箱缝隙吸尘

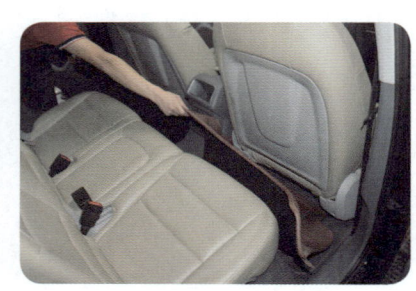

⑧放入后脚垫

⑨放入前脚垫

5. 上光保护真皮、塑料

（1）待真皮、塑料件风干后，用还原炫亮剂配合海绵均匀涂抹，滋润护理。

（2）涂抹完3~5分钟后使用内饰上光专用毛巾将残余的护理剂擦拭。注意：方向盘、换挡杆、手刹手柄禁止上光。

①在专用海绵上喷适量的上光剂

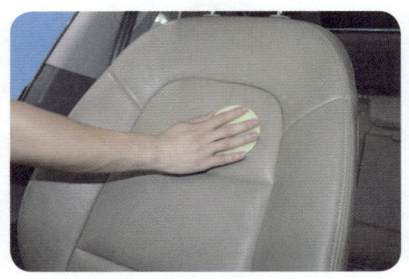

②对座椅进行均匀涂抹

③对座椅进行均匀涂抹

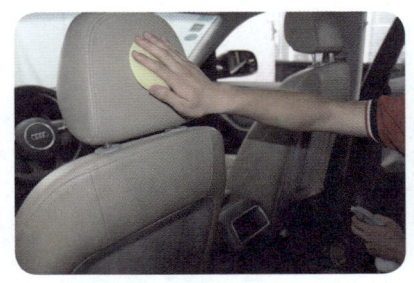

④对头枕进行均匀涂抹

⑤对仪表台进行均匀涂抹

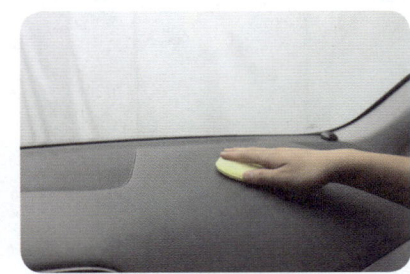

⑥对仪表台进行均匀涂抹

⑦对车门内饰板进行均匀涂抹

⑧对车门内饰板进行均匀涂抹

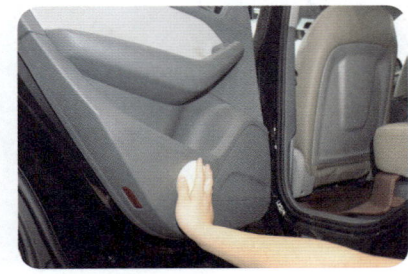

⑨对车门内饰板进行均匀涂抹

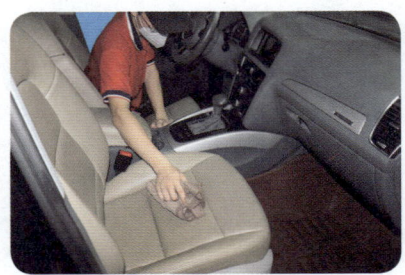

⑩用干毛巾对各处上光部位进行擦拭

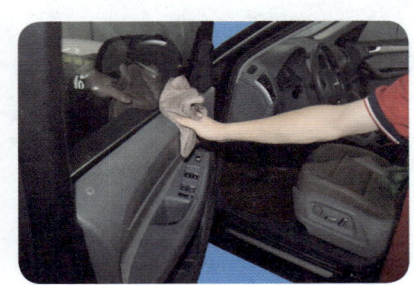

⑪用干毛巾对各处上光部位进行擦拭

6. 检查

依次检查天花板、仪表台、中控、座椅、地板、边角位、门边等部位,借助工作灯或手电筒逐步检查,有问题的地方登记在质检表上,并及时让施工人员返工。

实训技能考核

考核题目
内饰清洁护理

考核配时：30 分钟

姓　　名：

考评总分：

作业项目	考核内容	配分	评分标准	评分记录	扣分	得分
准备工作	设备用品	30	准备每少一样扣 3 分			
清洗内饰	清理物品	10	未取出客户物品扣 5 分			
			未取出脚垫扣 5 分			
	设备用品的使用	25	蒸汽机组装不正确扣 5 分			
			蒸汽机使用步骤不正确扣 5 分			
			龙卷风清洗枪使用不正确扣 5 分			
			吸尘器使用不正确扣 5 分			
			未用牙刷、毛刷内饰毛巾清洗扣 5 分			
	清洁效果	15	清洁不干净每处扣 3 分，扣完为止			
			吸尘不彻底每处扣 3 分，扣完为止			
	放回物品	10	未放回客户车内物品扣 5 分			
			未放回脚垫或放置不正确扣 5 分			
整理场地	工具清洁	10	未清洁整理好设备用品扣 5 分			
			未整理好耗材扣 5 分			
分数合计		100				

考核时间记录：　　　　　监考人签名：　　　　　评分人签名：　　　　　考核日期：　　年　　月　　日

实训三　发动机舱清洁护理

引 言

发动机舱只有在打开机盖后才能看见，关闭机盖后，无论里面多脏都不影响车辆的整体美观，那有必要对舱内进行清洗吗？答案是非常有必要的。事实上，发动机舱的保养比车外体的清洗更重要。发动机舱若有污垢，随着车龄增加，会影响行车安全，所以发动机舱的清洁程度也决定了车辆的安全程度。据不完全统计，90%的汽车自燃事故由发动机引起。而自燃事故多由短路、漏油造成，发动机平时运转在相对封闭的舱内，会产生超过100℃的高温，夏天时温度更高。如果不定期保养发动机舱，发动机外部元件会产生腐蚀、生锈、老化、龟裂等损害，降低发动机的散热功能，增加油耗，特别是在夏天的高温天气。发动机舱内油垢、灰尘也特别多，其附着的线路、油管容易老化、破损，一旦短路会迅速引发火灾。清洗发动机舱不仅仅是为了美观，更是为了排除隐患。

清洁发动机舱主要有以下几方面的好处：

（1）全面清洗发动机外部及整个发动机表面，如线路表面、塑料件、橡胶件、电池接头、外露金属部分等，可以使发动机的热量快速散发。

（2）在发动机舱表面涂一层保养剂，使发动机表面不容易沾灰尘和油污，而且便于清洗。

（3）保护发动机舱内的线路、油管，防止橡胶件老化、开裂，防止金属生锈。

（4）减少酸雨等腐蚀性物质对发动机外部各部件的损伤，延长元件的使用寿命。

实训目的

1. 学会使用各种工具设备。
2. 掌握发动机舱的清洁流程和方法。

实训用品准备

龙卷风清洗枪

吹尘枪

喷枪

工作灯

大力神清洗剂

液体养护上光剂

塑料上光剂

遮蔽膜

喷壶

毛巾

量杯

水桶

毛刷

牙刷

长柄刷

实训操作步骤

1. 穿戴好防护用品

穿戴好围裙、口罩、工作帽等个人防护用品。

2. 开启发动机盖

在施工过程中，发动机盖应一直保持开启状态。

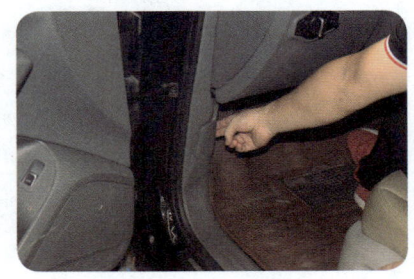

①扳动发动机盖释放开关

②拨动发动机盖的第二级锁钩后开启

3. 遮蔽防护

对前左右翼子板、车头、前挡风玻璃进行遮蔽防护，对舱内重要的电器件（如电脑ECU、保险丝继电器盒、电线接插件部位等）进行遮蔽防护。若发动机上方有装饰罩时应将装饰罩取下。

①对发动机舱的周边非作业区域进行遮蔽防护

②遮蔽右翼子板

③遮蔽车头

④遮蔽左翼子板

⑤遮蔽左翼子板

⑥遮蔽前挡风玻璃，外部遮蔽作业完成

4. 清理表面污垢等

清理掉明显的污垢、浮尘、杂物等，然后用常压自来水把所有区域冲洗一遍。

注意：清洗发动机表面时温度不能太高，应在发动机冷却至常温后进行。

5. 深度清理污垢

使用大力神清洗剂配合龙卷风清洗枪往返在发动机表面清洁。比较顽固的污垢，可使用深层清洗剂喷洒均匀于发动机表面，等待3~5分钟后用海绵或刷子擦洗。施工顺序为：发动机盖→发动机表面→发动机表面细节位→发动机深层清洁。

注意：仔细观察，针对细节边缝前期没有清洗到位的污垢，配合牙刷进行擦洗。施工时注意不要损坏发动机管路、接头等部件。

⑦拆下发动机的上饰盖，一般多为卡扣固定，向上用力扳动即可拆下

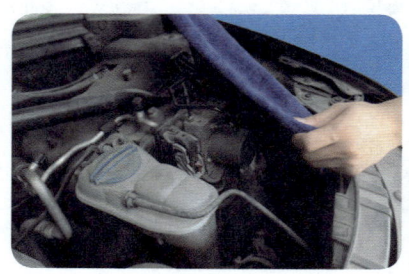

⑧用毛巾对机舱内裸露在外的电器件进行遮盖防护

①用常压自来水清洗发动机盖上的隔热棉

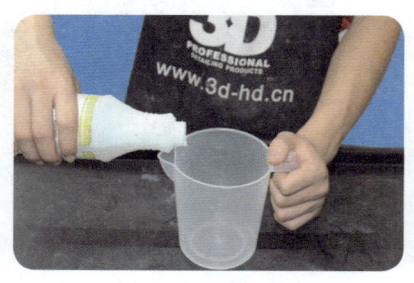

①按说明书比例调兑清洗液，在量杯内倒入大力神清洗剂原液

②倒入清水

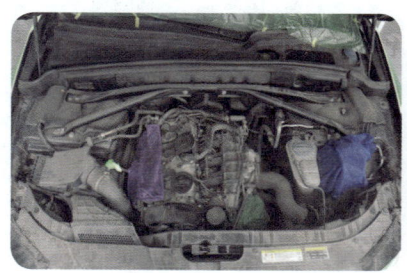

⑨舱内遮盖完成

②用常压自来水冲洗机舱内各处

③兑好后再倒入喷壶

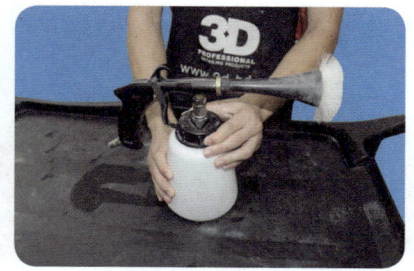

④安装、拧紧盖子

第二部分　车辆清洁护理

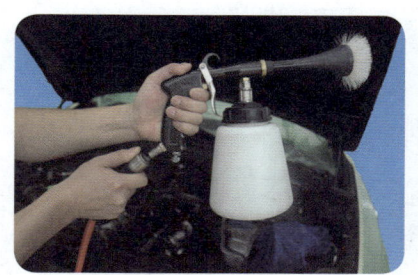

⑤接好压缩空气气管

⑥清洗发动机盖隔热棉

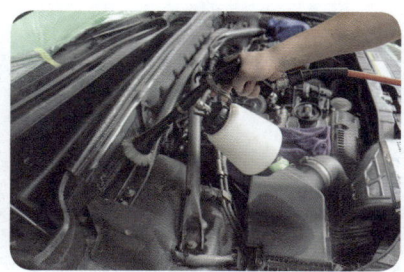

⑦清洗发动机舱

⑧将能够用喷枪清洗的位置全部清洗一遍

⑨喷洒清洗剂，喷枪无法清洗的位置，或比较顽固的污渍，可以用毛刷结合清洗剂进行刷洗

⑩用长柄刷刷洗靠下的部位

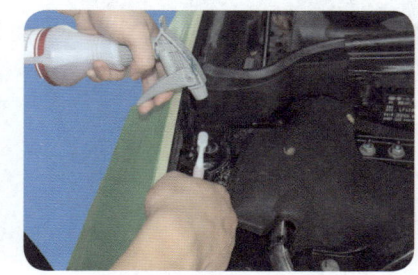

⑪用牙刷刷洗

⑫用牙刷刷洗

⑬清洗完成后用常压水将各处冲洗干净，确保没有污渍、泡沫

43

6. 吹干残留水渍

先使用发动机专用毛巾将发动机盖、发动机表面的水擦干，接着使用吹尘枪将各部位吹干（特别注意传感器、电脑板、发电机、电路接口），再用毛巾擦拭，待其自然风干。

7. 喷涂上光

施工前将喷枪清洗干净，将喷枪调试成雾化状后对舱内均匀喷洒上光剂，随后启动发动机运行3~5分钟烘干，再用干毛巾擦干即可。（为达最佳效果可在15分钟后再重复施工一次）

①吹尘枪接入压缩空气

②将各处的水渍吹净

①将液态养护上光剂倒入喷枪喷壶后接入压缩空气气管

②开始喷涂

③用吹尘枪吹干水渍

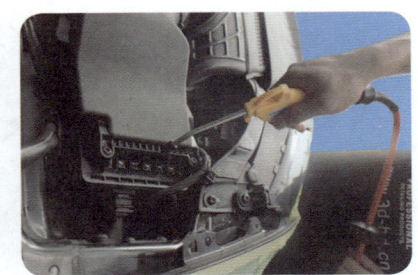

④待舱内的各处表面完全风干，然后进行养护作业

③对各机件和塑料件表面喷涂上光剂

④走枪的速度要适中，不要喷得太多

⑤喷涂完成后将发动机上饰盖装上

⑥对上饰盖进行喷涂上光,完成后放下发动机盖,启动发动机运行约5分钟后熄火,打开发动机盖

⑦用干净的干毛巾将各处轻轻擦拭一遍

8. 去除遮蔽防护膜

将车辆上的遮蔽防护膜全部去除,对施工质量认真检查和确认,消除施工疏忽。若有问题在质检表上登记,并让施工团队及时返工。

施工前

施工后

⑧施工后的效果对比

汽车美容装饰技能

 实训技能考核

考核题目	作业项目	考核内容	配分	评分标准	评分记录	扣分	得分
发动机舱清洁护理	准备工作	准备美纹纸、遮蔽膜	15	未做遮蔽防护扣5分			
		电器元件保护齐全		未对舱内电器元件进行防护扣5分			
		耗材准备		准备不充分扣5分			
考核配时：60分钟	清洗施工	清洗发动机舱	35	未用常压水冲洗舱内扣5分			
姓　　名：				未用龙卷风清洗枪、大力神清洗剂扣5分			
考评总分：				未用牙刷清洁扣5分			
				发动机表面有油污扣5分			
				发动机边缝未清洗干净扣5分			
				发动机其他部位有污渍扣5分			
				清洁后未用常压水冲洗扣5分			
	吹干	吹干发动机各部件	10	未将电路传感器擦净、吹干扣5分			
				未擦拭、吹干线接口和发电机蓄电池扣5分			
	护理	发动机舱护理	30	发动机表面镀膜不均匀扣10分			
				镀膜喷枪的调整使用不正确扣5分			
				未对发动机塑料件上光扣10分			
				塑料件上光有遗漏扣5分			
	清理现场	工具整理	10	大力神清洗剂、塑料上光剂、镀膜机等未摆好扣5分			
		耗材整理		牙刷、遮蔽膜、美纹纸等未整理扣5分			
	分数合计		100				

考核时间记录：　　　　　　监考人签名：　　　　　　评分人签名：　　　　　　考核日期：　　　年　　月　　日

第三部分

车辆美容维护

实训一　车室臭氧杀菌消毒

引　言

汽车内饰中的地毯、座椅、空调等常常接触潮湿的空气或水渍，容易滋生细菌使内饰发生霉变，并散发出臭味。这样不但影响车室的空气环境，更重要的是对身体健康造成威胁。

臭氧具有很强的氧化性和杀菌效果，是一种广谱杀菌剂，可杀灭细菌繁殖体和芽孢、病毒、真菌等，并可破坏肉毒杆菌毒素。臭氧在水中的杀菌率比氯气高3000倍。同时，臭氧也有除臭的功能，以臭氧的强氧化性为原理，可氧化空气中的有机物，以达到净化空气的目的。

内饰消毒的作用：杀菌、除臭、清洁、保护，营造舒适、健康的驾乘环境。

实训目的

掌握内饰杀菌消毒、除异味的操作方法及步骤。

实训用品准备

蒸汽清洗除臭机

臭氧消毒机

除味剂

毛巾

内饰专用毛巾

量杯

实训操作步骤

1. 车身清洗（参照《车身外部清洗》项目）   2. 内饰清洁护理（参照《内饰清洁护理》项目）

以上两个步骤为之前的两个实操项目，是在除臭消毒之前需要作业完成的。

3. 臭氧消毒杀菌

（1）空调系统消毒：启动发动机后开启车内空调，关闭门窗（前门一侧玻璃留缝以便臭氧输送管进入），将空调调至内循环模式，将臭氧输送管插入空调内循环进风口，用毛巾把玻璃边缝遮盖住，启动臭氧消毒机，设置时间（一般为10~20分钟）进行消毒杀菌。臭氧消毒机自动停机后抽出输送管，空调继续运转5分钟后将发动机熄火，打开所有车门、行李箱，通风5~10分钟。

（2）驾乘室消毒：发动机不用启动，关闭门窗（后门一侧玻璃留缝以便臭氧输送管进入）空调调至内循环模式，将臭氧输送管放在室内中央，用毛巾把玻璃边缝遮盖住，启动臭氧消毒机，设置时间（一般为10分钟）进行消毒杀菌。臭氧消毒机自动停机后抽出输送管，打开所有车门、行李箱，通风5~10分钟。

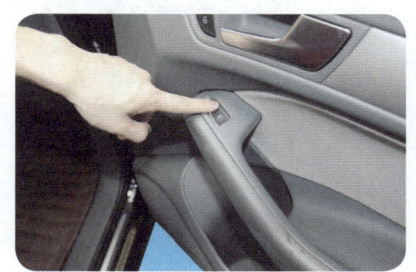
①先对空调系统消毒，将车窗玻璃下降一点

②缝隙不要太大，管子能穿过即可

③将臭氧输送管放入车内（前门）

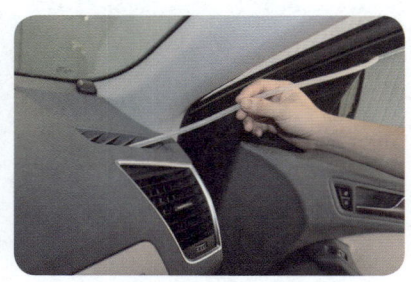
④将臭氧输送管插入空调内循环进风口

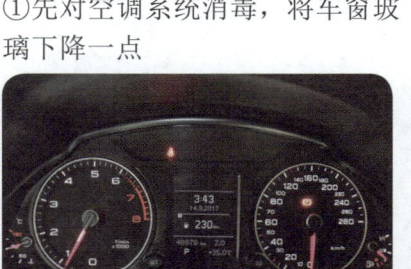
⑤启动发动机，怠速运转

⑥开启空调开关

⑦开启空调的内循环开关

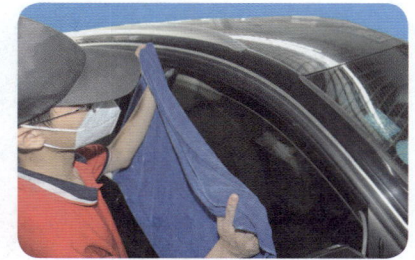
⑧用毛巾将放进臭氧管的缝隙盖住

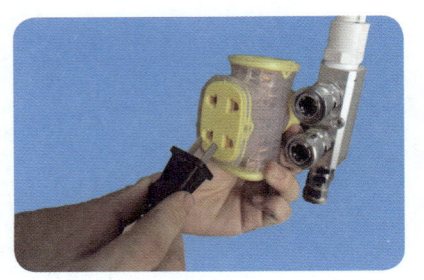
⑨接通臭氧消毒机电源

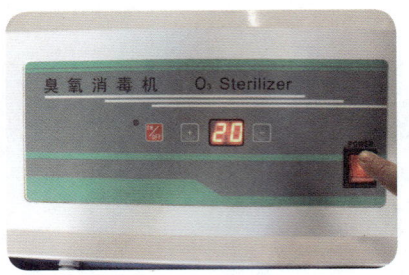
⑩打开电源开关

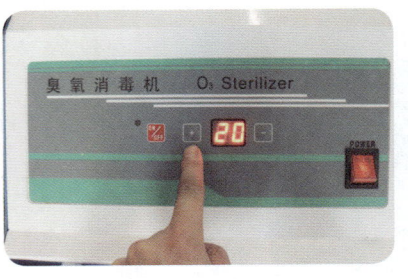
⑪按"+""-"号调整消毒运行时间，一般为10~20分钟。

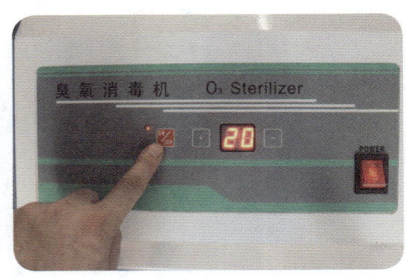
⑫开启臭氧开关

⑬等待臭氧消毒机自动停机，空调消毒完成

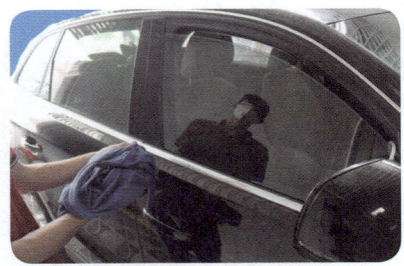
⑭取下遮盖毛巾

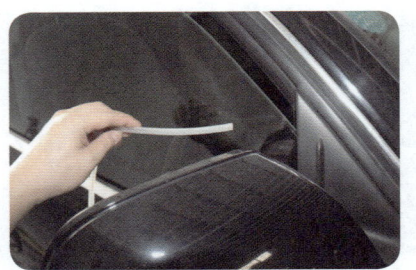
⑮取出臭氧输送管

⑯打开所有车门、行李箱通风5~10分钟

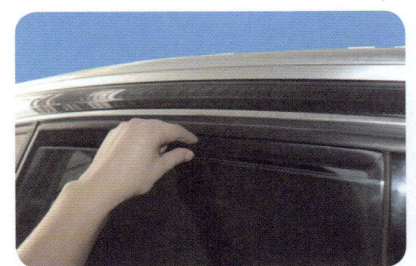
⑰对乘车室消毒，将后车窗玻璃降下一条缝

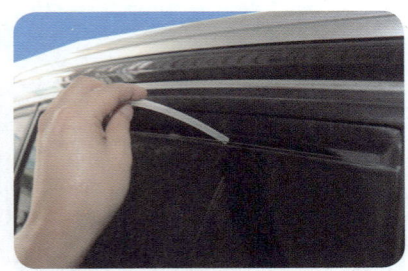
⑱将臭氧输送管放入车内中央

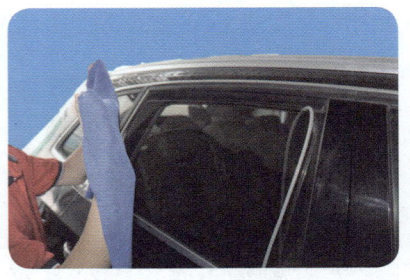
⑲用毛巾将放进臭氧管的玻璃缝盖住

⑳与前面操作相同，但不需要启动发动机，开启臭氧开关后待其消毒完成即可

㉑取下遮盖毛巾

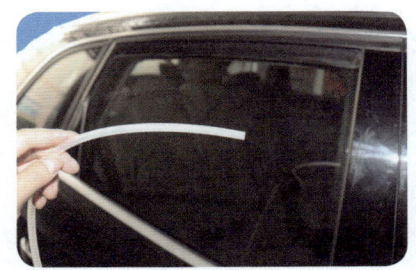

㉒取出臭氧输送管,然后关闭臭氧消毒机电源开关并断开电源连接

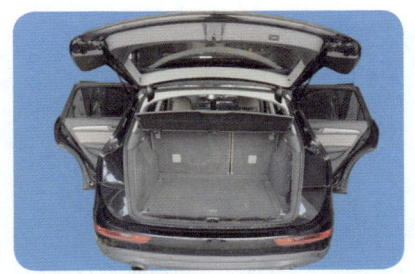

㉓打开所有车门、行李箱进行通风,5~10分钟后关闭,消毒作业完成

4. 对驾乘室除异味

(1)将除味剂(药水)按比例调兑好后,加入蒸汽清洗除臭机内,拧紧加注口盖子。

(2)将蒸汽清洗除臭机放在后排座椅上,接通电源后开启预热,预热5~10分钟后开启蒸汽开关,让蒸汽充满驾乘室。在除异味过程中,门窗要全部关闭(后门一侧玻璃留缝以便蒸汽管进入,缝隙用毛巾遮盖),等待10~15分钟。

(3)打开所有车门,断开蒸汽清洗除臭机电源,拿出蒸汽清洗除臭机。

(4)对汽车内饰、玻璃等部位进行清洁擦拭,完成后关闭车门。

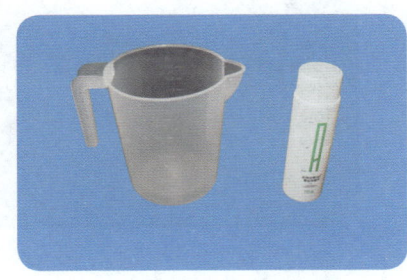

①准备好除味剂和量杯

②倒入除味剂原液

③按说明书比例倒入清水配兑

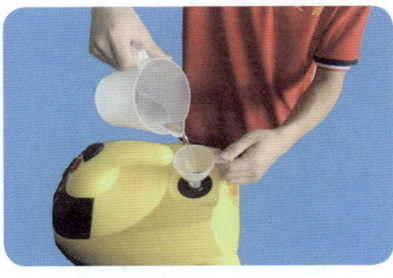

④将配兑好的除味液倒入蒸汽机内,拧紧蒸汽机安全帽

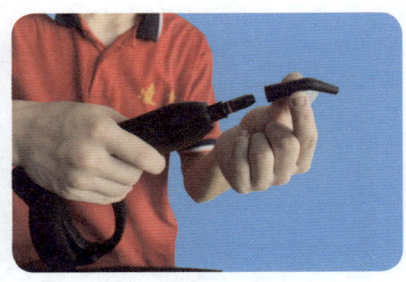

⑤安装高压蒸汽喷头

⑥安装后检查是否有松动

⑦蒸汽机接入电源

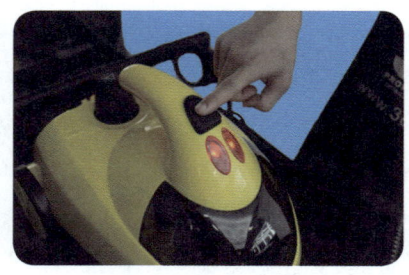
⑧打开主机电源开关,等待5~10分钟

⑨用毛巾将车内仪表台、中控台等开关位置遮盖好

⑩当喷头有大量蒸汽喷出时即可使用

⑪将蒸汽枪放入车内后座上

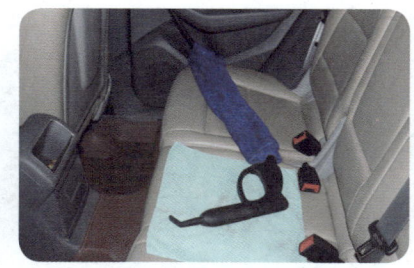
⑫管路用湿毛巾包裹好,座椅上要铺垫湿毛巾,蒸汽枪放在湿毛巾上,不要与座椅直接接触

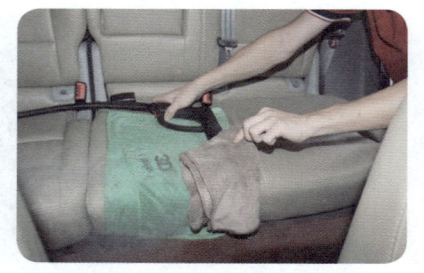
⑬开启喷头时会有少量的水喷出,用毛巾遮挡一下,避免喷到座椅或其他地方

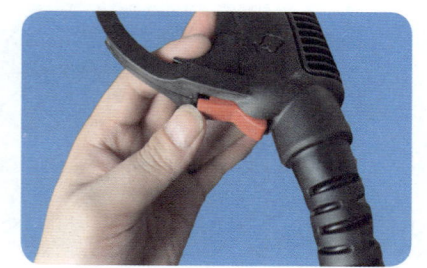
⑭将蒸汽枪的扳机扳到底后,按下红色锁机,让其保持在常开状态

⑮用毛巾将玻璃缝遮盖

⑯开始蒸汽消毒除味,注意蒸汽不要直接喷在座椅或其他物体上,要调整好喷头的喷出角度。关闭车门,等待10~15分钟后开门,关闭蒸汽枪扳机,断开蒸汽机电源,停止除味

⑰取下遮盖毛巾

 ⑱取出蒸汽枪

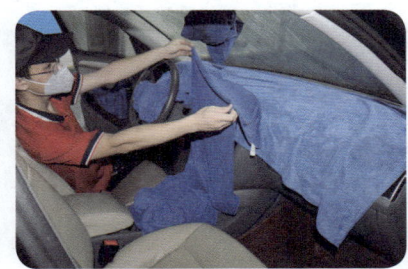 ⑲取下各处的遮盖毛巾

 ⑳取下车内后视镜上的遮盖毛巾

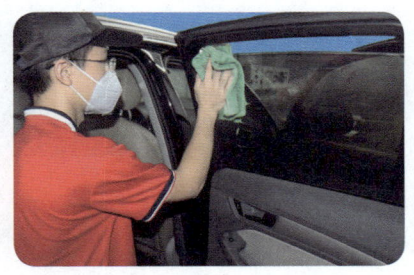 ㉑擦拭车窗玻璃上的水渍

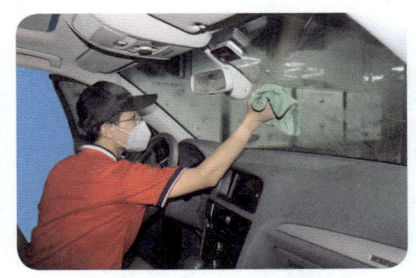 ㉒擦拭挡风玻璃上的水渍

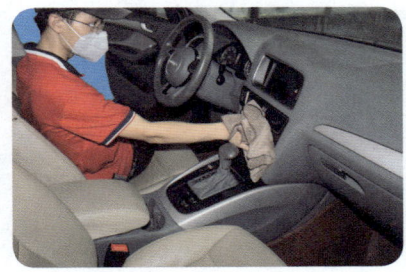 ㉓擦拭中控面板上的水渍

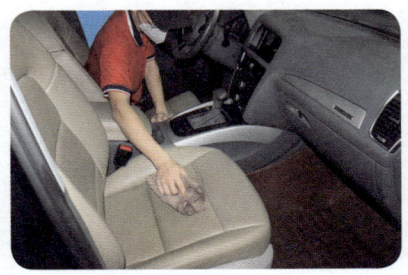 ㉔擦拭座椅上的水渍

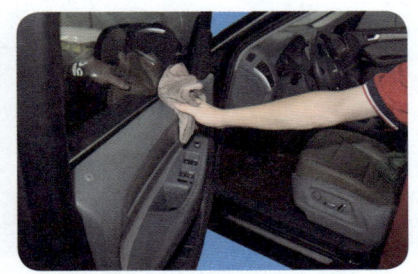 ㉕擦拭门内饰板上的水渍

5. 检查

车内空气应清新无异味，内饰、玻璃上没有水渍

实训技能考核

考核题目
车室臭氧杀菌消毒

考核配时：60 分钟

姓　　名：

考评总分：

作业项目	考核内容	配分	评分标准	评分记录	扣分	得分
准备工作	设备用品	10	准备每少一样扣 2 分			
	耗材准备	5	选用不正确扣 5 分			
	车内物品	5	客户物品未放置储物箱扣 5 分			
车室臭氧消毒、除异味	臭氧消毒	20	未开启空调扣 5 分			
			空调未设置为内循环扣 5 分			
			消毒机时间设置不正确扣 5 分			
			消毒完成后未打开车门等通风扣 5 分			
	除异味	35	仪表台、中控台等防护不到位扣 5 分			
			除味剂比例调兑不正确扣 5 分			
			未用毛巾包裹蒸汽管扣 5 分			
			蒸汽枪下方未垫湿毛巾扣 10 分			
			车窗缝隙未用毛巾遮盖扣 5 分			
			蒸汽释放时间不正确扣 5 分			
			除异味完成后未打开车门通风扣 5 分			
	擦拭	15	未擦拭车内水渍扣 10 分			
			车辆内部有残留水渍扣 5 分			
整理场地	用品、耗材、设备整理	10	门控未防护扣 3 分			
分数合计		100				

考核时间记录：　　　　监考人签名：　　　　评分人签名：　　　　考核日期：　　年　　月　　日

实训二　车身漆面去渍与密封

引　言

车身漆面去渍密封俗称打蜡。为什么要给汽车打蜡呢？打蜡的作用首先就是防水、防酸雨。由于车蜡的保护，车身的水滴附着量会降低60%到90%，效果十分明显；其次是防高温和紫外线，汽车长时间在外行驶或存放，很容易因光照而导致车漆老化褪色，而打蜡形成的薄膜可以将部分光线反射，有效避免车漆老化；再次是可以防静电，汽车在行驶时与空气摩擦产生静电，而车蜡则可以有效地减少车身与空气、尘埃的摩擦，少了静电车自然少了灰尘的吸附；最后车蜡还能起到上光的作用，汽车打蜡可以提高漆面的亮度，使汽车显得更加美观。

车身打蜡的作用：保护车漆、防高温、防紫外线、防酸雨、防静电。

实训目的

1. 了解车蜡的作用。
2. 掌握车身漆面去渍密封的操作流程和方法。

实训用品准备

吹尘枪

龙卷风清洗枪

打蜡机

工作灯

车蜡

蜡水洗车液

柏油沥青去除剂

铁粉去除剂

海绵

去渍泥

去渍布

毛巾

牙刷

汽车美容装饰技能

实训操作步骤

1. 接车与检查（参照《接车与检查》项目）
2. 清洗车辆（参照《车身外部清洗》项目）
3. 去除漆面沥青

柏油沥青一般附着在车身的下部周围，将柏油清洗剂或沥青水均匀地喷洒在车身下部，等待2~3分钟，等沥青溶解软化之后擦拭干净，然后用水冲洗。

①喷洒柏油沥青去除剂，等待2~3分钟

②用毛巾将喷洒过的区域来回擦拭，将沥青清除

③选用常压水清洗，以免沥青四处飞溅

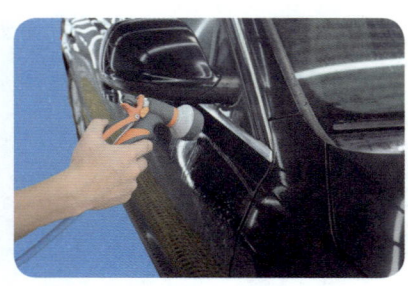
④从上至下冲洗

4. 去除漆面金属氧化层

漆面的金属氧化层一般形成在发动机盖、车顶和行李箱盖等部位上。将铁粉去除剂均匀地喷洒在车身的所有平面上，等待约3分钟，待漆面有金属成分物质释出（白色车身释出颜色为紫红色）后，用清水冲洗干净。

①喷洒铁粉去除剂

②车身的所有平面均匀喷洒一遍，等待3分钟

③用常压水对喷洒铁粉去除剂的区域进行冲洗

5. 去渍

用蜡水洗车液配合去渍泥、去渍布用手来回在漆面搓动以去除漆面上的污渍。

施工顺序：把车体分成前翼子板、前门、后门、后翼子板 4 个部分，每个部分从上到下完成施工。注意检查，防止有遗漏的地方。另外，若车身污垢较难去除，可用大力神清洁剂配合龙卷风清洗枪等使用以提高工作效率。

①准备一桶洗车泡沫

②向车身上喷洒一遍泡沫

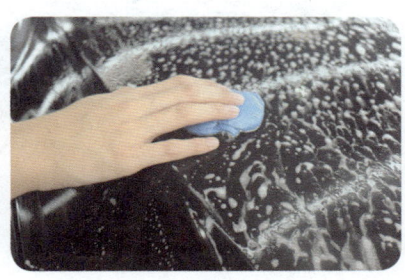

③用去渍泥结合洗车泡沫在漆面上用力搓动，以去除污垢和氧化层

④用去渍布结合洗车泡沫在漆面上用力搓动，以去除污垢和氧化层

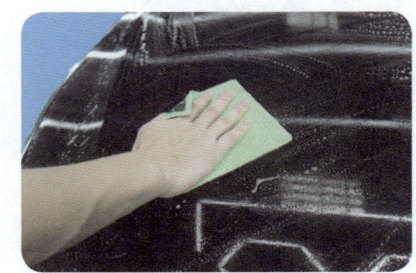

⑤去渍过程要全面、仔细，不能有遗漏

⑥用龙卷风清洗枪去除较顽固的污渍

⑦清洗镀铬饰条

⑧用牙刷刷洗

6. 清洗车辆，擦干水渍

①去渍完成后用常压水将车身清洗干净

②将车身各处擦干，在涂蜡前车身完全风干

7. 打蜡

打蜡分为手工打蜡和机器打蜡两种，其中机器打蜡在效率上要高于手工打蜡。取适量车蜡涂抹在专用打蜡海绵上，以画圈的形式将蜡均匀地涂抹在车漆表面，注意不要涂抹到塑胶件上。

施工顺序：把车体分成前翼子板、前门、后门、后翼子板4个部分，每个部分从上到下完成施工。然后等待 3~5 分钟，等待时间视环境温度而定，一般涂抹的蜡痕显出白色粉末状即可。

①手工打蜡

②打蜡海绵蘸上适量车蜡后在漆面涂抹

③以画圈的方式涂抹车蜡

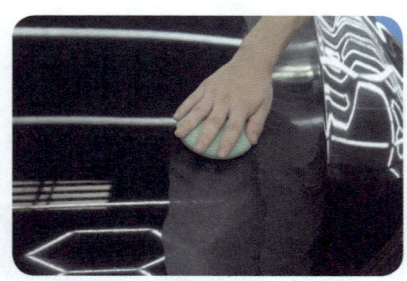

④按施工顺序叠加进行作业，不要有遗漏

⑤没有漆面的部位不要涂抹车蜡

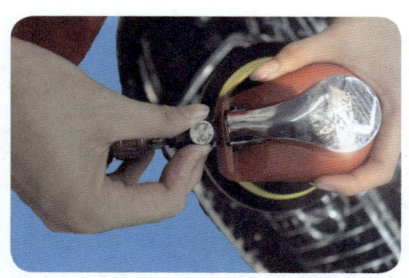

⑥机器打蜡，将打蜡机的转速调至适中

⑦将适量的车蜡倒在海绵盘上

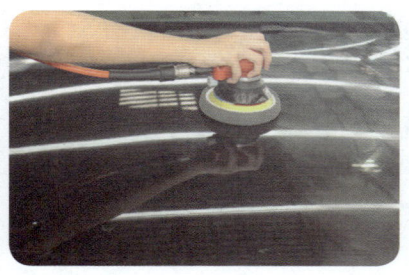
⑧做直线运动,按施工顺序叠加进行作业,不要有遗漏

⑨涂蜡作业完成后等待 5~10 分钟,让蜡充分干固并吸附在车身漆面上

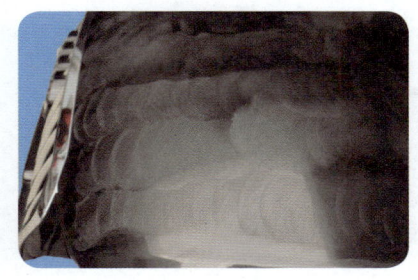
⑩车蜡已干固,开始泛白

8. 擦蜡

用擦蜡毛巾将全车蜡痕以画圈的方式逐步擦拭干净,注意检查,避免有遗漏。毛巾要叠成方块,隐藏毛巾边角位,防止擦花车漆。

①将毛巾平铺

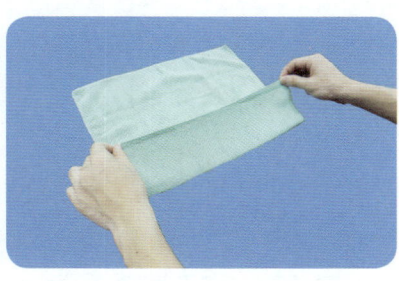
②将一边的四分之一向上折叠

③将另外的四分之一向下折叠

④向内对折形成四层

⑤向右折叠四分之一

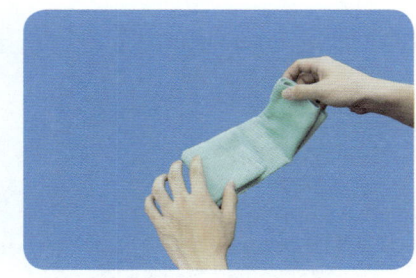
⑥向左折叠四分之一

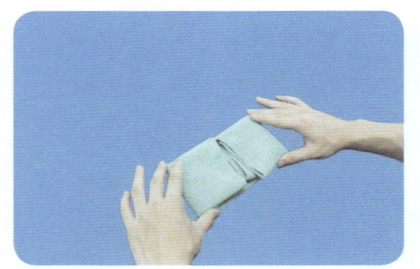
⑦整理

⑧再次对折

⑨再次整理，毛巾折叠完成

9. 清理车蜡

一些部位和缝隙处可能会有蜡痕遗留，仔细检查并将其清理干净。

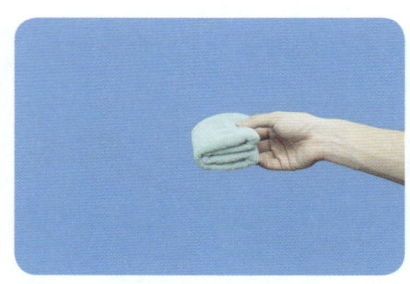
⑩拿毛巾时开口向着掌心并将其捏紧，以免散开露出边角

⑪将专用毛巾叠好后，开始擦除多余的车蜡

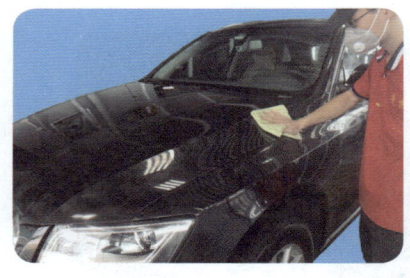
⑫擦拭时力度要适中，将多余车蜡擦拭掉即可

①擦拭完车身后，检查清除边缝内残留的车蜡

⑬可以反复擦拭

②检查并擦拭门边

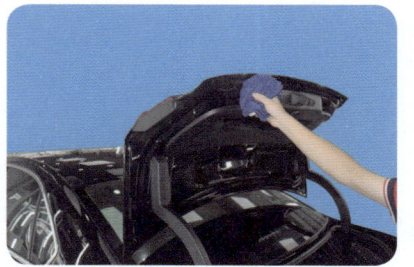
③检查并擦拭后备箱盖

10. 检查

用手电筒或工作灯检查，注意多变换角度，迎合光线，认真进行检查和确认，消除擦拭痕迹、边缝残余蜡痕。

注意：在晴天的条件下，把车开到室外检查。

检查顺序：从车头开始围绕车一圈迅速检查车外表，并依次打开车门检查边框。若有问题应在质检表上登记，并让施工团队及时返工。

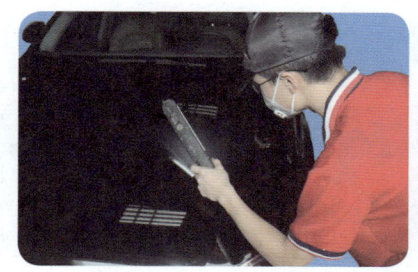
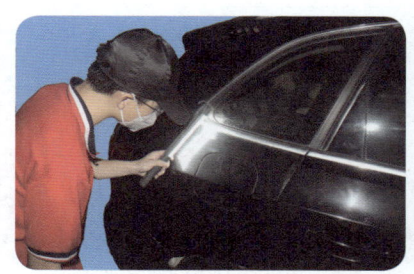

实训技能考核

考核题目

车身漆面去渍与密封

考核配时：90 分钟

姓　　名：

考评总分：

作业项目	考核内容	配分	评分标准	评分记录	扣分	得分
准备工作	设备用品	8	每少一样扣 2 分			
	耗材准备	6	选用不正确每样扣 2 分			
起渍密封	去渍清洁	38	车身下部漆面未去沥青扣 5 分			
			未去除漆面金属氧化层扣 5 分			
			未用去渍泥去渍扣 5 分			
			去渍不干净每处扣 3 分（最多扣 9 分）			
			边角去渍不到位每处扣 2 分（最多扣 6 分）			
			去渍完成后未用常压水冲洗扣 3 分			
			车身漆面有残留水渍扣 5 分			
	上蜡密封	33	车蜡选用不正确扣 5 分			
			打蜡手法不正确扣 3 分			
			打蜡有遗漏部位扣 5 分			
			擦蜡毛巾折叠不正确扣 5 分			
			擦蜡手法不正确扣 5 分			
			未擦拭边缝处的残留车蜡扣 5 分			
			擦蜡有遗漏扣 5 分			
检查	质量检查	5	擦蜡后未做质量检查扣 5 分			
整理场地	用品、耗材、设备整理	10	用品、耗材未回位扣 10 分			
分数合计		100				

考核时间记录：　　　　监考人签名：　　　　评分人签名：　　　　考核日期：　　年　　月　　日

实训三　车身漆面去渍与还原密封

引 言

漆面去渍与还原密封，俗称抛光打蜡。由于车辆长时间在外行驶，受日晒、雨淋、风吹及空气中有害物质的侵蚀，会造成车漆暗淡无光，以及在日常使用中产生的摩擦，也会在漆面上留下轻微划痕。这种划痕在阳光下尤其明显，从而影响车辆美观。另外，汽车表面经喷涂之后，可能会出现粗粒、砂纸痕、流痕、反白、橘皮等漆膜表面的细小缺陷。

抛光是汽车漆面护理的一种方法，用来除去被氧化的漆面和车身上的各种异物，消除漆面细微划痕，处理汽车漆面轻微损伤及各种斑迹，以提高漆膜的镜面效果，达到光亮、平滑、艳丽的要求。一辆使用三四年的汽车，经过风吹雨打日晒后，车漆难免暗淡无光，经过抛光这种方法便可使车漆迅速焕然一新。抛光虽然会让车漆变薄，但并不是完全不能给车漆抛光，少量的抛光是车漆能够承受的。

实训目的

1. 掌握抛光机的使用方法。
2. 掌握车身漆面抛光的操作流程和方法。

实训用品准备

抛光机

抛光盘

还原盘

抛光剂

还原剂

美纹纸

遮蔽膜

毛巾

牙刷

工作灯

实训操作步骤

1. 接车与检查（参照《接车与检查》项目）
2. 车身外部清洗（参照《车身外部清洗》项目）
3. 车身漆面去除沥青、金属氧化层，去渍。（参照《车身漆面去渍与密封》项目中的相关流程）

以上三个步骤为之前的三个实训项目，是在进行车身抛光之前需要作业的操作过程。

4. 遮蔽防护

抛光研磨之前，在不能抛光的部位（玻璃、塑胶、镀铬饰条等）和容易被抛光机碰到的部位贴上美纹纸，避免出现因车身漆面破损、溶解、变色等引起客户纠纷。玻璃部件可用遮蔽膜遮盖。

注意：门拉手必须全方位粘贴保护，交界处的美纹纸必须要断开。

①对前门外拉手用美纹纸进行遮蔽

②遮蔽要严实

③大面积的车窗玻璃使用遮蔽膜进行遮蔽

④从玻璃内侧将遮蔽膜贴牢以免脱落

⑤认真仔细施工

⑥对天窗密封胶条进行遮蔽

⑦对天窗密封胶条进行遮蔽

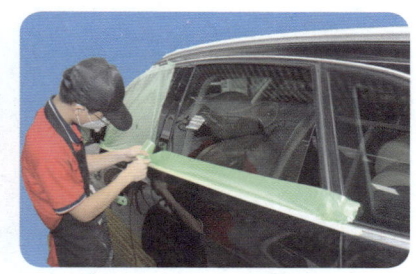
⑧对后车窗玻璃进行遮蔽

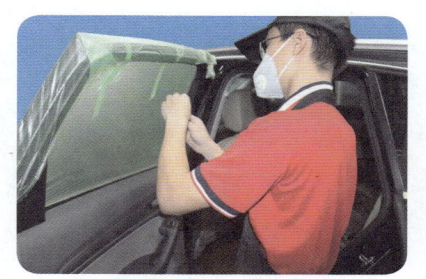
⑨对后车窗玻璃进行遮蔽

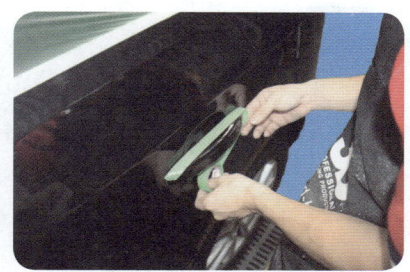
⑩对后门外拉手进行遮蔽

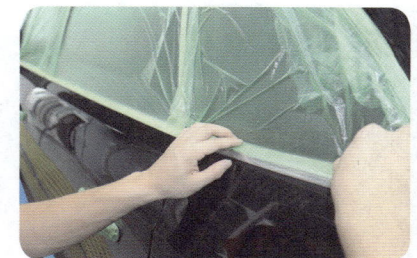
⑪对三角玻璃进行遮蔽

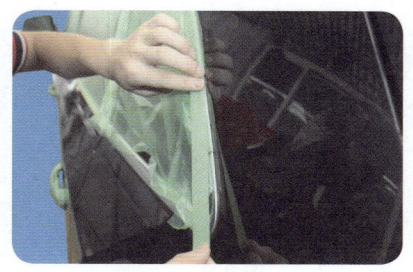
⑫对镀铬饰条进行遮蔽

⑬对后视镜塑胶部分进行遮蔽

⑭对后视镜上转向灯进行遮蔽

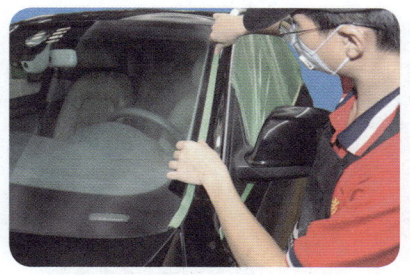
⑮对挡风玻璃胶条进行遮蔽

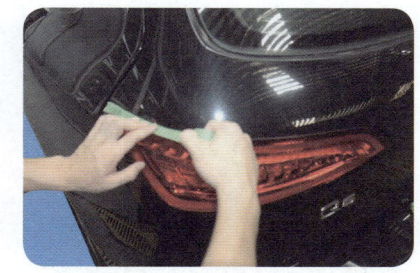
⑯对后尾灯四周边缘进行遮蔽

⑰对后尾灯四周边缘进行遮蔽

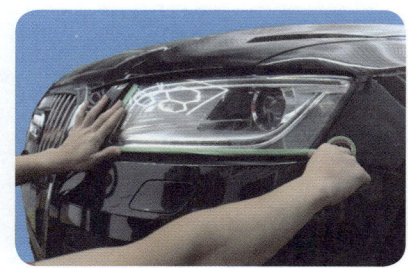
⑱对前大灯四周边缘进行遮蔽

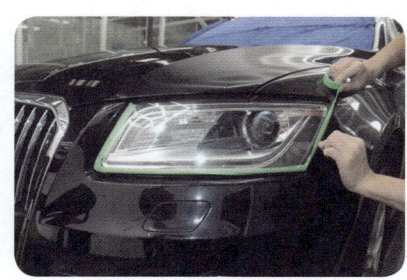
⑲对前大灯四周边缘进行遮蔽

⑳对车标进行遮蔽

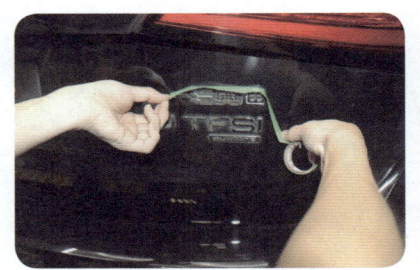
㉑对其他镀铬标志进行遮蔽

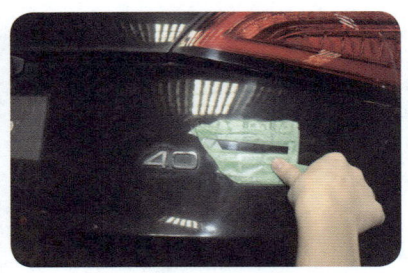
㉒对其他镀铬标志进行遮蔽

㉓对其他镀铬标志进行遮蔽

㉔全面遮蔽防护

㉕前挡风玻璃一般用两条大的湿毛巾进行遮盖

5. 第一次抛光

第一次抛光的目的是除去漆面较深的划痕，用多功能抛光剂配合羊毛盘修复漆面深度花纹，抛光机转速调至2000r/分钟，不能过高。施工到前后盖边框位置，要拉开垫好毛巾，防止边位摩擦抛穿车漆；施工过程中施工盘要平放，不能没有研磨剂干抛，边角位处理需小心、谨慎，心态平和不能操之过急。

注意：禁止对前后保险杠、后视镜、塑料底的漆面进行施工。

①选择进行第一次抛光使用的抛光剂

②将羊毛盘粘贴在抛光机上，尽量对准羊毛盘的中心点粘贴，以免因旋转产生的离心力不平衡影响操作

③调整抛光机转速至规定值

④将适量的抛光剂洒在要抛光的漆面上

⑤用抛光机在低转速下将抛光剂涂抹均匀

⑥开始抛光作业

⑦作业中要注意顺序，不能有遗漏。完成后检查，若没有明显的、大的划痕印记，即可进入下一步抛光还原作业

6. 第二次抛光

第二次抛光的目的是用多功能抛光剂配合黄色和黑色还原盘治愈修复漆面细小花纹、旋纹。抛光机转速调至1500r/分钟，不能过高。施工到前后盖边框位置，要拉开垫好毛巾，防止边位摩擦抛穿车漆；施工过程中施工盘要平放，不能没有研磨剂干抛，边角位处理需小心、谨慎，心态平和不能操之过急。

注意：禁止对前后保险杠、后视镜、塑料底的漆面进行施工。

①选择进行第二次抛光使用的抛光剂

②更换粘贴黄色的海绵还原盘，方法与羊毛盘相同

③调整抛光机转速至规定值

④将适量的抛光剂洒在要抛光的漆面上，然后在抛光机低转速下将抛光剂涂抹均匀

⑤开始作业。完成后检查，车身应没有细小的印记和划痕

⑥更换粘贴黑色的海绵还原盘，方法与羊毛盘相同

⑦将适量的抛光剂洒在要抛光的漆面上　⑧在抛光机低转速下，将抛光剂涂抹均匀　⑨开始作业　⑩作业中要注意顺序，不能有遗漏，当漆面有明显光泽，呈现出镜面效果作业完成

7. 施工检查

各处漆面应亮丽如新，呈现出镜面效果。

 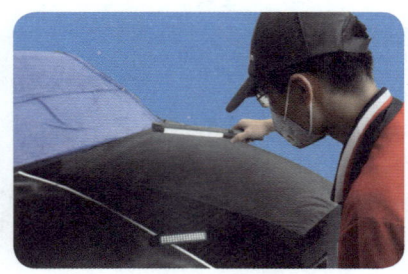 

①检查　②迎合光线进行查看　③检查时要全面仔细，不能有遗漏

8. 去除遮蔽

去除车身遮蔽物

9. 车辆外部清洗（参照《车身外部清洗》项目），将各处缝隙内清洗干净。

①对车身进行冲洗　　②喷洒洗车泡沫　　③用牙刷清洗边缝残留的抛光剂　　④用牙刷清洗边缝残留的抛光剂

⑤用牙刷清洗边缝残留的抛光剂　　⑥用牙刷清洗边缝残留的抛光剂　　⑦清洗完成后进行第二次冲水　　⑧将车辆清洗干净

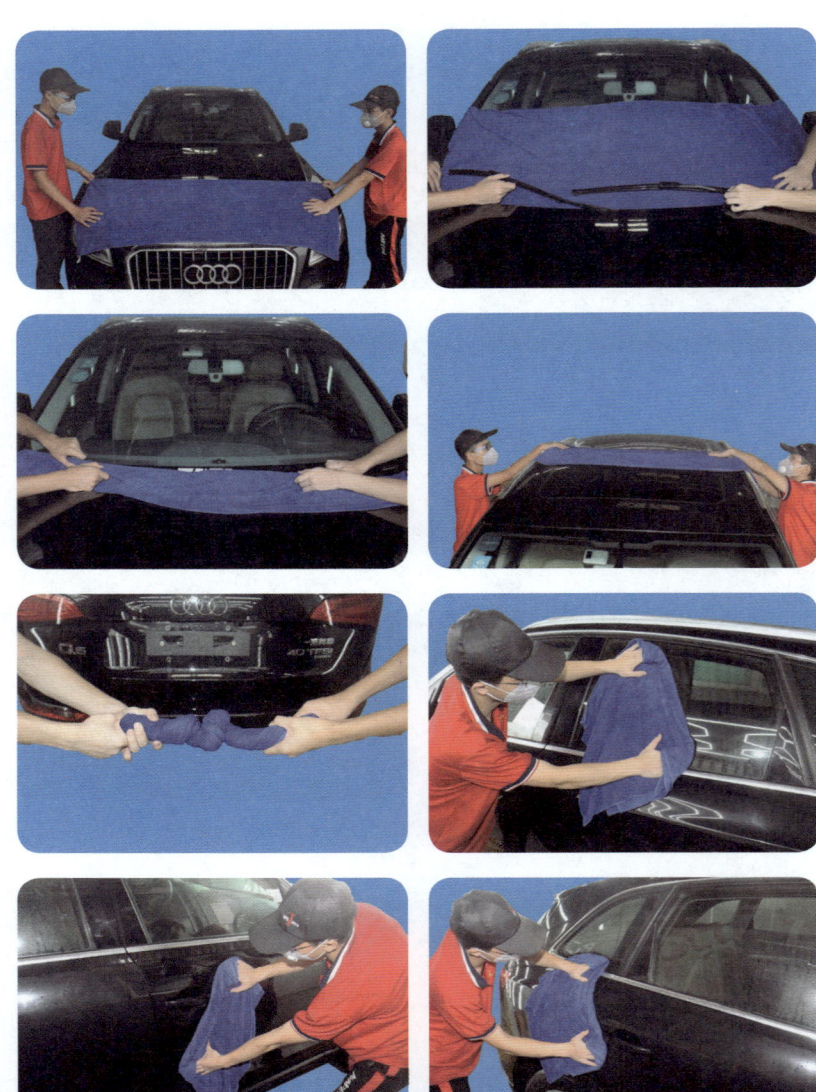

⑨擦干车身。车身风干后进行涂蜡密封处理

10. 涂蜡密封

参照《车身漆面去渍与密封》项目中的相关流程。

（1）取适量车蜡涂抹在专用打蜡海绵上，以画圈的形式将蜡均匀地涂抹在车漆表面。

（2）擦蜡：用擦蜡毛巾将全车蜡痕以画圈的形式逐步擦拭干净，注意检查，避免有遗漏。

（3）清理：去除防护遮蔽膜和美纹纸，一些部位和缝隙处可能会有蜡痕和抛光剂遗留，仔细检查并将其清理干净。

（4）检查：用手电筒或工作灯检查，注意多变换角度，迎合光线，认真进行检查和确认，车漆表面应光亮、无斑迹和划痕，并呈现镜面效果。在晴天的条件下，把车开到室外检查；若有问题应在质检表上登记，并让施工团队及时返工。

11. 施工完成

实训技能考核

考核题目

车身漆面去渍与还原密封

考核配时：60 分钟

姓　　名：

考评总分：

作业项目	考核内容	配分	评分标准	评分记录	扣分	得分
准备工作	设备用品	8	准备每少一样扣 2 分			
	耗材	10	选用不正确每样扣 2 分			
抛光还原	遮蔽防护	20	有未遮蔽部位每处扣 3 分（最多扣 12 分）			
			遮蔽不到位每处扣 2 分（最多扣 8 分）			
	第一次抛光	21	抛光盘选用不正确扣 5 分			
			抛光剂选用不正确扣 5 分			
			抛光机转速调整不正确扣 5 分			
			抛光动作不正确扣 3 分			
			抛光完成后，未擦干抛光剂扣 3 分			
	第二次抛光	21	抛光盘选用不正确扣 5 分			
			抛光剂选用不正确扣 5 分			
			抛光机转速调整不正确扣 5 分			
			抛光动作不正确扣 3 分			
			抛光完成后，未擦干抛光剂扣 3 分			
清洗	去除遮蔽物	5	遮蔽物未去除干净扣 5 分			
	车身清洗	5	车身边缝有残留抛光剂扣 5 分			
整理场地	设备耗材整理	10	用品、耗材未归位扣 5 分			
			设备未整理清洁扣 5 分			
分数合计		100				

考核时间记录：　　　　　　监考人签名：　　　　　　评分人签名：　　　　　　考核日期：　　　年　　月　　日

实训四　前挡风玻璃镀膜

引言

在车辆使用过程中,外界环境的灰尘、杂物会附着在前挡风玻璃上,时间过长会无法清洗干净,或者清除完后会在玻璃上留下污点或污斑。另外,车辆在大雨中高速行驶时,视线不清是最大的安全隐患。在暴雨中,即使刮水器高速摆动,依然无法擦净玻璃上的雨水,玻璃上形成的水膜折射会使驾驶员无法看清前方。有时在与大型车辆会车时,大车车轮溅起的水花扑过来,这时车外的一切都变得模糊不清,极易引发交通事故。

汽车玻璃镀膜就是在挡风玻璃上镀一层防护隐形膜,利用膜的疏水原理,让水在汽车玻璃表面无法形成水膜,提高了刮水器的使用效率,大大提高了暴雨时的行车安全。当车速超过 60km/h 时,落在挡风玻璃上的水会因气流全部向上飞走,基本上不用开启刮水器。此外,当玻璃镀膜后,落在玻璃表面的灰尘、油污、虫胶等污渍也很容易被清洗掉。

镀膜主要有以下几个优点:

(1)耐高温:玻璃镀膜能有效反射光线和热辐射,有效降低车内温度。

(2)防划痕:镀膜能更好地保护玻璃不受沙砾的伤害。

(3)易清洗:镀膜不易沾附灰尘、污渍,清洗时只用清水即可,使玻璃保持高清洁度。

(4)超强的拨水性:水落在玻璃上可瞬间收缩成水珠滑落,有效地防止水膜的形成。

实训目的

掌握前挡风玻璃镀膜的流程和方法。

实训用品准备

吹尘枪

抛光机

还原盘

去渍布

去渍泥

玻璃清洗剂

镀膜剂

抛光剂

脱脂剂

施工海绵

毛巾

牙刷

美纹纸

实训操作步骤

1. 接车与检查（参照《接车与检查》项目）
2. 车身外部清洗（参照《车身外部清洗》项目）
3. 玻璃去渍

用去渍泥搭配玻璃清洗剂、毛巾，将玻璃表面的污垢、氧化层除去。

①用常压水将玻璃冲洗一遍

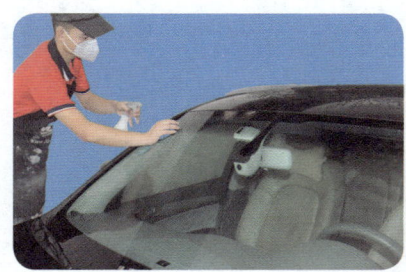

②用玻璃清洗剂配合去渍泥对玻璃进行去渍

③去渍完成后再将玻璃冲洗干净

④用毛巾将玻璃上的水渍擦干

⑤擦干前挡风玻璃水渍

4. 遮蔽防护

对不能抛光的部位和容易被抛光机碰到的部位贴上美纹纸，避免因车破损、溶解、变色等引起客户纠纷。

①玻璃抛光前对周围的胶条进行遮蔽防护

②用美纹纸防护胶条

③遮蔽完成

5. 对玻璃进行抛光

多功能抛光剂配合海绵还原盘去除玻璃深层氧化层、污垢等。抛光机转速调至1000r/min，不能过高。施工过程中注意施工盘要平放，必须要用研磨剂，不能干抛，边角位处理需小心、谨慎，心态平和不能操之过急（心到、眼到、手到）。

①用抛光机结合还原盘对玻璃进行抛光作业，先将还原海绵盘粘贴在抛光机上

②调整至合适的转速

③将适量的抛光剂洒在玻璃表面

④涂抹均匀后进行抛光

⑤每次抛光的区域不宜过大，以免出现漏抛部位

⑥抛光机在一个地方停留的时间不要太长

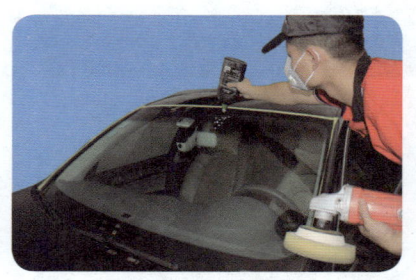

⑦从上至下进行作业

⑧边角抛光时要仔细，不要抛到其他部位

6. 去除遮蔽防护

①去除遮蔽防护

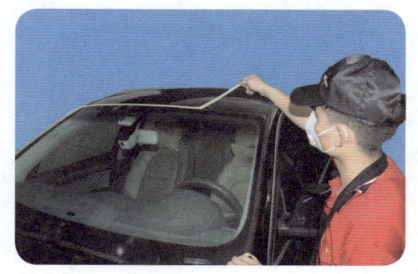

②撕掉遮蔽防护的美纹纸

7. 清洗玻璃

用清洁剂和毛刷将玻璃周边残留的抛光剂刷洗掉,再用常压水将玻璃彻底清洗干净并擦干,玻璃周边胶条内的残留水分要用压缩空气吹干。

①清除玻璃边缝的抛光残留物

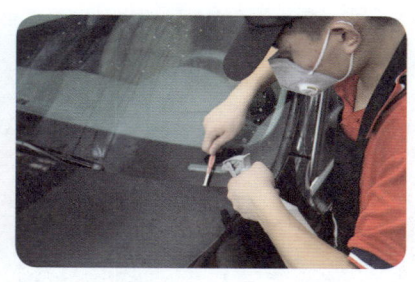

②用牙刷和清洁剂进行清洁

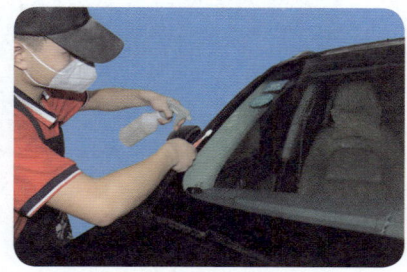

③依次序进行清洁刷洗,不要有遗漏

④用常压水对玻璃进行清洗

⑤清洗完成后,用吹尘枪吹干各处的水渍

⑥吹玻璃下方

⑦吹玻璃边缝。操作完成后要仔细检查,玻璃及其周边不能有一丝的残留水渍

8. 玻璃脱脂

将脱脂剂喷洒（三四下）于叠好的脱脂专用毛巾上，往返擦拭玻璃，等待其自然风干。

①前挡风玻璃镀膜套装——脱脂剂、镀膜剂

②对玻璃表面进行脱脂，将脱脂剂均匀喷洒在毛巾或玻璃上

③用毛巾将整个玻璃擦拭一遍。除脂后待玻璃自然风干，然后进行镀膜作业

9. 涂抹镀膜剂

将专用海绵和涂布配合美纹纸包好，喷洒玻璃镀膜剂（两三下）于涂布上。从下至上、从内至外，一道一道地涂抹均匀，每一道涂层的边缘应当重叠在前一道涂层的三分之一处为宜。注意要涂抹均匀，不要有遗漏。施工完成后等待30分钟以上让镀膜剂干化。

①用配套的布块和海绵进行施工

②用布块将海绵包住，注意布块的一面要整理平整，为防止布块松脱，必要时可以用胶带将其与海绵粘贴固定

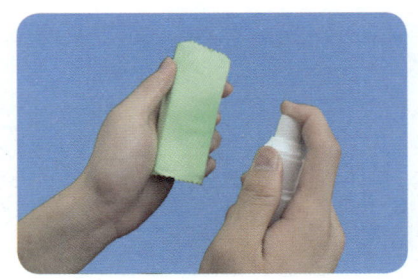

③将适量的镀膜剂均匀地喷洒在布块上

④在玻璃上分两边从上至下施工

⑤从玻璃中间向边上横向涂抹，每次的涂抹面要叠压之前涂抹面的三分之一，不要有遗漏

⑥从上至下纵向涂抹

 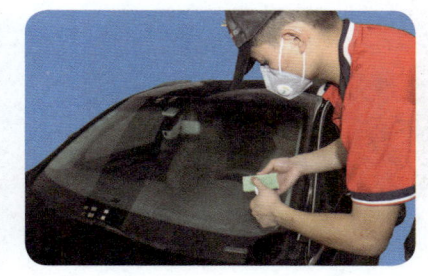

⑦另一边施工方法相同，从上至下涂抹

⑧施工过程中适时补充喷洒镀膜剂

⑨可以横向、纵向涂抹。涂抹完成后等待约30分钟，让镀膜剂风干

10. 擦拭干净

①将毛巾平铺

②将一边的四分之一向上折叠

③将另外的四分之一向下折叠

④向内对折形成四层

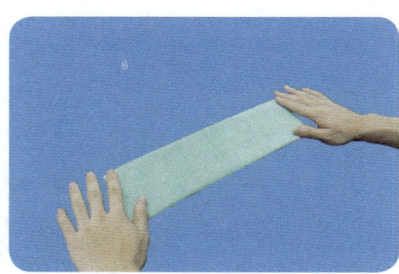 

⑤轻轻压平

⑥向右折叠四分之一

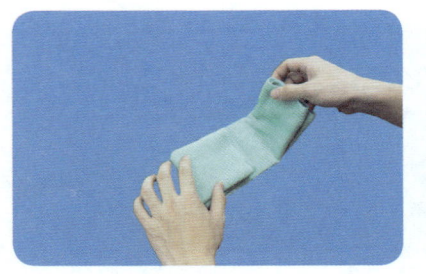
⑦向左折叠四分之一

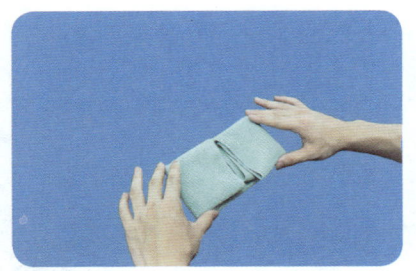
⑧整理

⑨再次对折

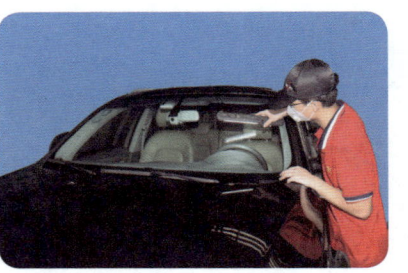

⑩再次整理，毛巾折叠完成了

⑪拿毛巾时开口向着掌心并将其捏紧，以免散开漏出边角

⑫用毛巾擦拭玻璃表面

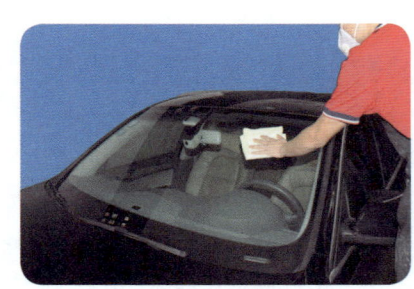
⑬将多余的镀膜剂擦拭掉，并将玻璃擦拭干净

11. 检查

注意多变换角度，迎合光线，认真进行检查和确认，消除擦拭痕迹；如有问题应在质检表上登记，并让施工团队及时返工。

注意：施工完毕24小时之内不可沾水及开启刮水器；在擦的过程中不要太用力，如果擦不掉或者不好擦，用潮的毛巾在镀晶表面轻轻地擦拭一遍，然后再用干毛巾轻轻地打磨一遍即可。在高温状态或扬沙环境下不宜施工。

实训技能考核

考核题目
前挡风玻璃
镀膜

考核配时：60 分钟

姓　　名：

考评总分：

作业项目	考核内容	配分	评分标准	评分记录	扣分	得分
准备工作	设备用品耗材	10	准备每少一样扣 2 分			
清洁镀膜	玻璃清洗起渍	10	未使用清洗剂清洗玻璃扣 5 分			
			未用去渍泥去渍扣 5 分			
	玻璃抛光	27	未对玻璃周边进行遮蔽防护扣 3 分			
			抛光剂选用不正确扣 5 分			
			抛光机转速调整不正确扣 5 分			
			玻璃抛光不到位扣 5 分			
			抛光后未去除遮蔽物扣 3 分			
			抛光后未用常压水清洗干净扣 3 分			
			清洗后未吹干水渍扣 3 分			
	玻璃脱脂	10	玻璃脱脂方法不正确扣 5 分			
			玻璃脱脂不彻底扣 5 分			
	玻璃镀膜	23	玻璃镀膜方法不正确扣 5 分			
			玻璃镀膜有遗漏扣 5 分			
			毛巾折叠方法不正确扣 3 分			
			擦拭玻璃的方法不正确扣 5 分			
			未清洁玻璃边缝扣 5 分			
	检查	10	完成后未对质量进行仔细检查扣 10 分			
整理场地	工具漆面清洁	10	用品、耗材未回位扣 10 分			
分数合计		100				

考核时间记录：　　　　监考人签名：　　　　评分人签名：　　　　考核日期：　　年　　月　　日

实训五　车身漆面镀晶

引言

漆面镀晶就是在汽车漆表面形成一层强大的保护晶体和紫外线过滤层。镀晶可提高漆面的亮度和硬度，也能防止划痕，防紫外线、酸雨、盐、沥青、飞漆、昆虫斑、鸟粪等有害物质对车表的侵害，犹如给车漆穿上了一件高科技"防护外衣"，隔绝了灰尘、油污、霉菌、水分子等微粒对车漆本身的侵蚀，并具有抗紫外线、抗氧化、抗磨擦、抗褪色、增加漆面硬度的作用，使漆面长期保持其原有光亮艳丽的色泽。它由结构紧密、性能稳定的高分子无机物组成，不会在温度剧烈变化的情况下发生性质的变化，使用后能迅速形成光滑透亮且持久坚硬的保护层。

镀晶的主要优点是因其固化成硬质模块，所以在漆面抗划保护方面具有更大的优势；而在亮度、光滑度、防氧化和老化以及施工难易程度方面，无机类镀膜更有优势，因为无机类镀膜的膜层不分裂、不脱落，具有很强的耐磨性，能持久地对车漆提供保护，防止车漆氧化。车主可根据自身情况选择适合的汽车美容镀晶产品。

实训目的

1. 掌握漆面镀晶的基础知识。
2. 掌握漆面镀晶的流程与方法。

实训用品准备

镀晶套装

脱脂剂

海绵

专用毛巾

吹尘枪

实训操作步骤

1. 接车与检查（参照《接车与检查》项目）
2. 车身外部清洗（参照《车身外部清洗》项目）
3. 车身漆面去除沥青、金属氧化层、去渍（参照《车身漆面去渍与密封》项目中的相关流程）
4. 漆面抛光（参照《车身漆面去渍与还原密封》项目中的"抛光"流程，但不需要涂蜡密封。）

以上四个步骤为之前的四个实训项目，是在进行漆面镀晶之前需要作业的操作过程。

5. 清洗车辆

抛光工序完成后对车辆进行清洗，然后将漆面水渍擦净吹干。将车辆停放在专用工作间（无尘恒温工作间）。

6. 脱脂处理

将漆面脱脂剂加水稀释 5~10 倍，用干毛巾在车漆表面擦拭进行脱脂。注意擦拭要仔细不能有遗漏。完成后车漆表面不能有脱脂剂和污垢残留。

漆面脱脂剂使用是在镀晶之前需要操作的一个重要步骤，作用有两个：一是去除抛光还原之后车漆表面的研磨剂残留物，二是镀膜之前去除车漆表面的油脂，增加膜层的附着力和持久性，使汽车漆面镀晶效果更佳。

①对车身漆面喷洒专用脱脂剂，要全面喷洒，不要有遗漏

②喷洒脱脂剂

③喷洒脱脂剂

④喷洒脱脂剂

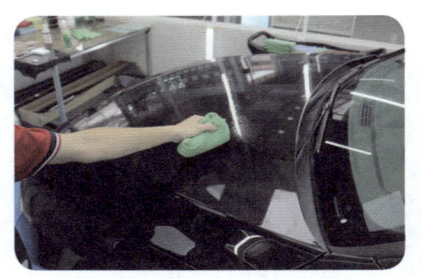

⑤用专用毛巾擦拭除去漆面油脂，按顺序依次擦拭，不要有遗漏

⑥擦拭除脂

⑦擦拭时可稍微用力

⑧擦拭完成后待漆面自然风干

7. 镀晶

将适量液体晶涂抹在专用施工海绵上，再横向或竖向均匀涂抹在漆面上，作业时要仔细，不能有遗漏。注意施工顺序：按车体分成前翼子板、前门、后门、后翼子板4个部分，含前后保险杠和车顶，每个部分从上到下完成施工。施工完成后等待5~10分钟。

①漆面镀晶套装

②将适量液态晶涂抹在专用施工海绵面上

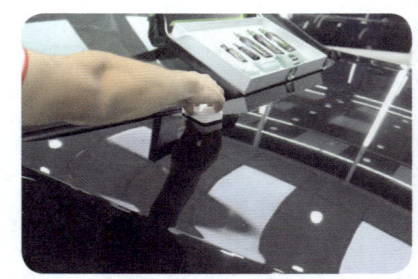

③将海绵轻轻按压在漆面上，横向或纵向移动将液态晶均匀地涂抹在漆面上

④横向涂抹

⑤可以来回涂抹

⑥涂抹过程中要时刻检查，不能有遗漏的地方

8. 擦拭晶体

用专用毛巾（质地柔软且纤维厚实）擦拭至呈现镜面效果。注意毛巾的折叠方法，不能露出边角。

①擦拭晶体前先将专用毛巾按图叠好

②将毛巾平铺

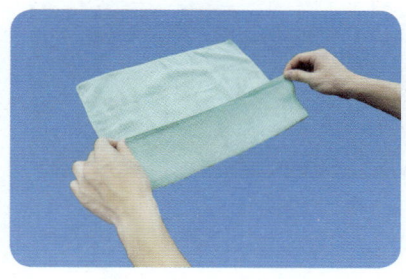
③将一边的四分之一向上折叠

④将另外的四分之一向下折叠

⑤向内对折形成四层

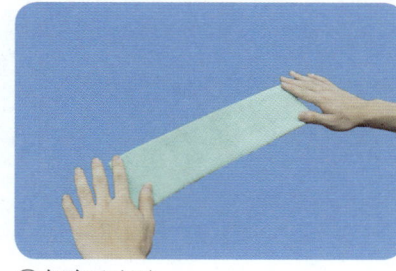
⑥轻轻压平

⑦向右折叠四分之一

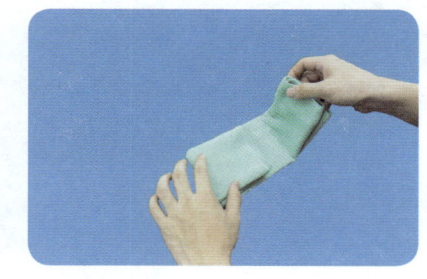
⑧向左折叠四分之一

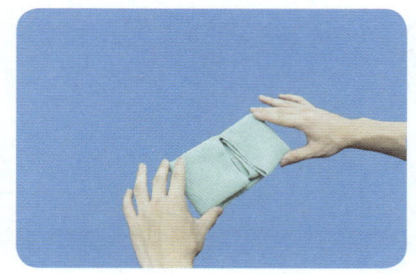
⑨整理

⑩再次对折

⑪再次整理，毛巾折叠完成

⑫拿毛巾时开口向着掌心并将其捏紧，以免散开露出边角

⑬开始擦拭晶体

⑭擦拭时稍微用力

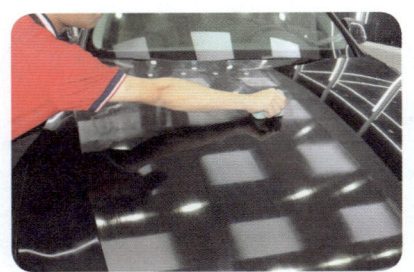
⑮来回擦拭

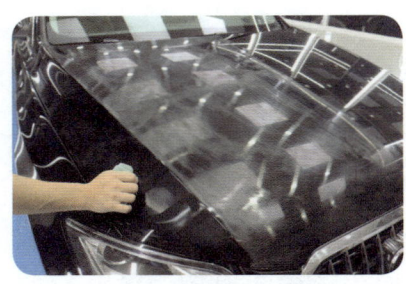
⑯擦拭晶体的过程不能太慢,以免晶体干固后无法进行作业

⑰晶体擦拭完成后的效果

9. 检查缝隙,擦除晶体

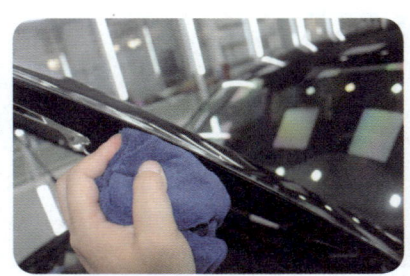
①检查、去除发动机盖缝隙处残留的晶体

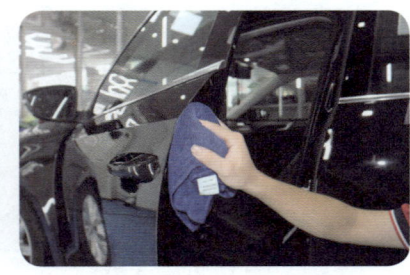
②检查、去除门边缝隙处残留的晶体

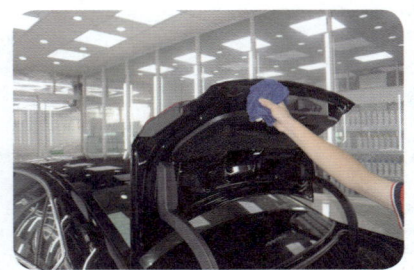
③检查、去除后行李箱盖缝隙处残留的晶体

10. 检查

用手电筒或工作灯检查，多变换角度，迎合光线，认真进行检查和确认，若有问题应在质检表上登记，并让施工团队及时返工。

另外需要注意以下几点：

（1）必须在无水情况下施工。

（2）不能在高温风大的户外进行。

（3）禁止在没有漆面的塑料件上涂抹。

（4）七天内不能用高压水枪冲车。

（5）施工后 24 小时内停放在阴凉处。

①检查各处是否有缺陷

②迎合灯光仔细检查

③检查要全面仔细，不要有遗漏

实训技能考核

考核题目
车身漆面镀晶

考核配时：60 分钟
姓　　名：
考评总分：

作业项目	考核内容	配分	评分标准	评分记录	扣分	得分
准备工作	用品耗材准备	10	准备每少一样扣 2 分			
镀晶操作	对漆面进行脱脂	25	耗材选用不正确扣 5 分			
			毛巾选用不正确扣 5 分			
			脱脂顺序不正确扣 5 分			
			脱脂不到位扣 10 分			
	对漆面进行镀晶	20	漆面镀晶方法不正确扣 5 分			
			漆面镀晶顺序不正确扣 5 分			
			漆面镀晶不合格扣 10 分			
	擦拭晶体	30	开始擦拭晶体的时间不对扣 10 分			
			毛巾折叠方法不对扣 5 分			
			晶体擦拭不合格扣 10 分			
			未去除各缝隙处残留的晶体扣 5 分			
	检查	10	完成镀晶后未对质量进行仔细检查扣 10 分			
整理场地		5	用品、耗材未归位扣 5 分			
分数合计		100				

考核时间记录：　　　　监考人签名：　　　　评分人签名：　　　　考核日期：　　年　　月　　日